数字信息资源移动消费行为研究

汪银霞 著

WUHAN UNIVERSITY PRESS
武汉大学出版社

图书在版编目(CIP)数据

数字信息资源移动消费行为研究/汪银霞著.—武汉：武汉大学出版社,2018.11
ISBN 978-7-307-20658-8

Ⅰ.数…　Ⅱ.汪…　Ⅲ.数字技术—信息管理—研究　Ⅳ.G203

中国版本图书馆 CIP 数据核字(2018)第 274956 号

责任编辑:黄金涛　　责任校对:李孟潇　　版式设计:马　佳

出版发行：**武汉大学出版社**　(430072　武昌　珞珈山)
(电子邮件：cbs22@ whu.edu.cn　网址：www.wdp. com.cn)
印刷:北京虎彩文化传播有限公司
开本:720×1000　1/16　印张:13　字数:185 千字　插页:1
版次:2018 年 11 月第 1 版　2018 年 11 月第 1 次印刷
ISBN 978-7-307-20658-8　定价:85.00 元

前　言

据中国互联网络信息中心（CNNIC）发布的《第41次中国互联网络发展状况统计报告》数据显示，网民中即时通信用户的规模达到7.53亿，手机上网使用率为97.5%，手机网民规模保持持续增长，网民上网设备逐渐向手机终端集中。移动互联网技术的发展和智能手机的普及，促使网民的消费行为逐渐向移动终端迁移和渗透，甚至有人开始预言“移动取代PC的时代离我们不远了”，正如十多年前，有人提出“电子书取代纸本书的时代离我们不远了”一样。但是，这么多年过去了，纸本书一样受到很多人的热爱。所以，我们有理由相信，不管移动市场如何快速地发展，移动终端和PC都将共同存在、共同为广大消费者服务。

2013年国务院发布了《关于促进信息消费扩大内需的若干意见》，2017年印发《关于进一步扩大和升级信息消费持续释放内需潜力的指导意见》，把信息消费提到了一个前所未有的高度。全国地方政府随之也都颁发了“促进信息消费的实施意见”，明确发展目标，落实责任单位，为构建安全可信的信息消费环境打下了坚实的发展基础，旨在全面推动信息消费快速健康增长。

信息移动消费行为是在技术和政策的双重支持下快速发展起来的一种新型消费行为。与传统网络信息消费行为相比，两者有共同之处，也存在一定差别。这些差别不仅体现在网络类型、终端设备、网络应用、可信度、安全度等方面，还体现在用户信息需求、信息动机、行为模式、行为影响因素等方面。随着科技的进步，APP应用的完善，手表、电视机、车载设备正在成为信息消费终端，冰箱、微波炉、照相机、眼镜在不久的将来都有可能成为泛终端，信息移动消费行为的实践大大超前于理论。现阶段学者们在理论上对移动消费的研究还处于初期阶段，而基于数字信息资源的移动消费研究正逐步受到学术界的重视，有必要进行理论研究来丰富其理论体系。

如同五百多年前印刷机的发明对社会与信息的相互作用产生了重大影响，今天互联网和数字技术由于更聪明、简单的计算能力，信息成为比以往更强大的商品，移动设备及其附带的应用程序使消费者获取信息的渠道更容易。信息消费最终将主要是基于移动信息。国内外学者在信息的移动消费需求和行为方面已经开展了一些研究工作，不过还没能形成系统的理论知识体系，可以参考和借鉴的理论文献数量还不是很多。因此，随着智能手机等移动终端越来越普及，移动消费逐渐成为信息消费关注重点，运用消费行为理论对数字信息移动消费进行理论探讨，甚为必要。

本书拟以数字信息作为研究对象，以移动消费作为切入点，将情报学理论和心理学、社会学、经济学、组织行为学和市场营销学等诸多学科相结合，从新的视角对数字信息资源的移动消费、用户行为展开相关研究。全书共 7 章，研究的主要内容包括：

第 1 章，绪论部分。阐述了本书研究的背景及理论与实践意义，综合评述了国内外有关信息消费、信息行为、移动消费等方面的研究现状，介绍了本书的研究目标与内容、研究方法与思路。

第 2 章，消费行为相关理论部分。对本书研究中将会涉及的基础理论知识，如消费行为、信息消费行为等内容进行简要的阐述，对信息移动消费的内涵进行界定，结合数字信息资源移动消费现状，揭示数字信息资源移动消费的主体特征和行为特征，对数字信息资源移动消费和台式电脑数字信息资源消费行为进行对比分析。

第 3 章，数字信息移动消费需求挖掘部分。从动机理论出发，挖掘了移动互联网用户信息消费行为的关键需求，探讨了数字信息移动行为的动机类型、动机发现的过程，在此基础上分析数字信息移动消费需求的类型与层次。

第 4 章，数字信息移动消费决策部分。系统分析了数字信息移动消费的决策依据，即生态与情境价值、情感与审美价值、知识与社交价值。从数字信息移动消费的决策依据、决策过程、决策类型等三方面内容来探讨数字信息移动消费决策模式。

第5章，数字信息移动消费行为影响因素分析部分。采用问卷调查及统计分析的研究方法进行实证研究，探索各种心理和行为因素与数字信息移动消费行为之间的影响关系，系统研究影响数字信息资源移动消费行为的个人因素、情境因素和效能因素，并对所构建的概念模型进行了验证。

第6章，案例分析部分。在理论归纳性分析基础上进行实践定量分析，以超星移动图书馆建设情况为例，从用户需求、使用情况、影响因素等方面进行分析，进一步打造移动图书馆服务特色。

第7章，研究总结与展望部分。对本书进行了总结，归纳了全书的主要研究内容和主要创新点，并指出了现有研究中存在的不足，对未来的研究方向进行了展望。

本书的主要创新点体现在：第一，研究角度结合时代特点，理论上与时俱进。在理论上界定了信息移动消费的内涵，并对其主体特征和行为特征进行了分析，而目前关于这方面的研究以及可供参考的资料还不多见，丰富了信息用户行为理论。第二，以信息移动用户作为研究对象，系统研究了数字信息资源移动消费的需求层次、动机发现的过程、动机冲突、决策依据、决策过程、决策类型等。第三，本书关键是分析数字信息资源移动消费行为影响因素，从个体因素、情境因素和效能因素三方面进行了实证分析。

本书是在博士学位论文的基础上修订而成，谨此向我的导师李玉海教授致以衷心的感谢和崇高的敬意，本研究及学位论文是在李老师的亲切关怀和悉心指导下完成的。从论文的选题到结构安排，从具体内容到文字润饰，都凝聚了他大量的心血。同时，也要感谢华中师范大学信息管理学院的段尧清老师、夏立新老师、娄策群老师、王学东老师、夏南强老师、王伟军老师、王占平老师、熊回香老师、易明老师和武汉大学的马费城老师、邱均平老师、李刚老师的悉心点拨和耐心引导。

本书在分析、综述相关研究问题时借鉴、引用了大量的国内外研究成果，在此向相关的专家、学者表示衷心感谢。对于本研究成果的出版，在此还要感谢武汉三新文化传媒有限公司的孙丽兰主任，正因为她们认真负责的工作精神和对本研究成果的关注，才使该成果能够顺利出版。本书的完成远非终点，书中的不足和浅显之处则是我新的征程上一个个新的起点。

汪银霞

2018 年 6 月

于信阳师范学院

目　录

第1章 绪　论

1.1 研究背景与意义

1.1.1 研究背景

根据中国互联网络信息中心（China Internet Network Information Center，CNNIC）2017年年底发布的统计报告显示，我国的网民规模从2000年的1690万人增长到2017年的7.72亿人，网络信息消费在人们的消费生活中所处的地位越来越重要；其中手机网民人数达到7.53亿，互联网普及率达到55.8%。手机网民的增速明显上升，而PC网民略有下降，手机上网使用率达到97.5%，再一次获得了移动上网终端设备的首席①。随着科技的进步，APP应用的完善，手表、电视机、车载设备正在成为信息消费终端，冰箱、微波炉、照相机、眼镜在不久的将来都有可能成为泛终端。移动互联网技术的发展和智能手机的普及，促使网民的消费行为逐渐向移动终端迁移和渗透，甚至有人开始预言"移动取代PC的时代离我们不远了"。无线通信技术的发展为人们的社会生活带来了巨大变化，真正实现了"把互联网装入口袋"的梦想，因为它不再依靠电脑、网线等设备就可以实现收发邮件、图铃下载、信息查询、网络聊天、在线视频等信息消费活动。现代的移动终端实质上就是经过外

---

① 中国互联网络信息中心．第41次中国互联网络发展状况统计报告[EB/OL]．[2018-05-09]．http://www.cnnic.cn/hlwfzyj/hlwxzbg/hlwtjbg/201803/t20180305_70249.htm.

观“变形”的新型超小型计算机系统，它不仅是携带方便，还能够执行纷难复杂的网络信息操作。根据发展趋势显示，在不久的将来，移动网民有可能很快超过 PC 网民规模，进入移动信息时代。

移动终端可以通过很多渠道接入网络，不但能够采用 WCDMA、TD-SCDMA、CDMA、WLAN、WiMAX、GPRS、EDGE、GSM、ISM、Wi-Fi、2G、3G、4G 等无线通信网络，还能够采用 Bluetooth、RFID、UWB、Infrared、Zigbee 等近距离微波接入技术。移动终端的功能越来越集成化，可谓是手机、相机、MP3、MP4、游戏机、电脑等电子设备的综合体，能够打电话、拍照、摄像、听音乐、看视频、玩游戏，还能够进行收发信息、查收电邮、新闻浏览、即时短信、天气预报、获取地图或信息、观看视频等，实现包括定位、信息处理、指纹扫描、身份证扫描、条码扫描、RFID 扫描、IC 卡扫描以及酒精含量检测等丰富的功能，使人们的各种网络活动得到加强。与过去相比，越来越多的人开始在移动设备上进行信息消费。随身的无线网络链接使得智能手机、平板电脑等移动终端彻底改变了消费者访问媒体内容的方式，人们在不断移动消费数字信息的同时又在不断地生产、创造信息。

2013 年 8 月份，国务院发布了《关于促进信息消费扩大内需的若干意见》(国发〔2013〕32 号)，意见提出：“到 2015 年，信息消费规模超过 3.2 万亿元，年均增长 20%以上，带动相关行业新增产出超过 1.2 万亿元，其中基于互联网的新型信息消费规模达到 2.4 万亿元，年均增长 30%以上。基于电子商务、云计算等信息平台的消费快速增长，电子商务交易额超过 18 万亿元，网络零售交易额突破 3 万亿元。”①由此可见，我们的国家领导人不仅充分认识到了信息消费的重要性，而且部署了促进信息消费的具体发展目标。随后，各地政府也纷纷出台了促进信息消费的地方性实施方案文件。2013 年 11 月 8 日，南京市颁发了《市政府关于促进信息消费加快信息产业发展的实施意见》(宁政发〔2013〕300 号文件)；2013

① 国务院．关于促进信息消费扩大内需的若干意见[EB/OL]．[2013-08-14]．http：//www.gov.cn/zwgk/2013-08/14/content_2466856.htm.

年12月28日，江苏省颁发了《省政府关于促进信息消费的实施意见》(苏政发〔2013〕168号文件)；2013年12月31日，四川省颁发了《四川省人民政府关于促进信息消费扩大内需的实施方案》(川府发〔2013〕61号文件)，江西省颁发了《江西省人民政府关于促进信息消费扩大内需的实施意见》(赣府发〔2013〕36号文件)；2014年1月26日，河北省颁发了《河北省人民政府关于促进信息消费的实施意见》(冀政发〔2014〕3号文件)；2014年2月17日，北京市颁发了《北京市人民政府关于促进信息消费扩大内需的实施意见》(京政发〔2014〕5号文件)；2014年2月24日，湖北省颁发了《湖北省人民政府关于促进信息消费扩大内需的意见》(鄂政发〔2014〕8号文件)；2014年4月29日，湖南省人民政府出台《湖南省人民政府关于推进"宽带中国"战略促进信息消费的实施意见》(湘政发〔2014〕8号文件)；2014年5月15日，成都市颁发了《成都市人民政府办公厅关于促进信息消费的实施意见》(成办发〔2014〕21号文件)；2014年10月23日，青岛市颁发了《青岛市经济和信息化委员会关于促进信息消费的实施意见》(青经信发〔2014〕11号文件)……这些都旨在进一步明确信息消费发展的主要目标，培育扩大信息消费需求，推动信息消费持续增长。

2015年3月5日，国务院总理李克强在全国两会上作《政府工作报告》，报告中八次出现"互联网"一词，将互联网作为一项战略性新兴产业，首次提出"制定'互联网+'行动计划，推动移动互联网、云计算、大数据、物联网等与现代制造业结合，促进电子商务、工业互联网和互联网金融健康发展，引导互联网企业拓展国际市场"。① 2017年8月24日，国务院发布了《国务院关于进一步扩大和升级信息消费持续释放内需潜力的指导意见》(国发〔2017〕40号)，意见提出："提高信息消费供给水平，扩大信息消费覆盖面，优化信息消费发展环境。到2020年，信息消费规模预计达到6万亿元，年均增长11%以上；信息技术在消费领域的带动作用显著

① 李克强．政府工作报告——2015年3月5日在第十二届全国人民代表大会第三次会议上．人民日报，2015-03-17(01)。

增强，信息产品边界深度拓展，信息服务能力明显提升，拉动相关领域产出达到 15 万亿元，信息消费惠及广大人民群众。”①意见最后还对未来(截至 2020 年)的重点工作任务进行了职责分工，落实责任，确保各项任务措施落实到位。与此同时，各大数据服务商纷纷加大投入，加快研发第五代移动通信技术(5G)，计划到 2020 年推出成熟的 5G 移动技术标准。

根据工业和信息化部公布的统计数据显示，2014 年春节放假期间，我国移动互联网接入流量达到 3674.6 万 G，同比增长 86%；② 2017 年，在移动通信业务中，移动数据及互联网业务比上年增长 26.7%，移动电话普及率超过 100 部/百人。③ 随身的网络链接，让人们变成了信息资源的移动消费者和生产者。在国家政策和信息技术的双重支持下，基于移动互联网的信息产品和信息服务正蓬勃发展。目前，国内外关于信息资源移动消费行为的理论研究还不多见。本书以信息移动消费者作为研究对象，以信息需求作为切入点，界定信息移动消费的内涵，揭示数字信息资源移动消费的主体特征和行为特征，探讨数字信息资源移动消费行为的需求层次、消费动因和影响因素，构建信息移动消费模式，为互联网信息内容提供商提升信息产品和信息服务的有效供给水平提供理论依据和实践指导，进而推动信息消费持续、快速增长。

1.1.2 研究意义

从移动消费的角度来研究信息消费，既是社会发展和政策扶持的实际需要，同时也是广大专家学者进行理论探讨和研究的需要，

① 国务院．关于进一步扩大和升级信息消费持续释放内需潜力的指导意见[EB/OL]．[2017-08-24]．http：//www.gov.cn/zhengce/content/2017-08/24/content_5220091.htm.

② 龚雯，高少华．春节短信缩水四成：移动互联网接入流量同比增长逾八成[N]．人民日报，2014-02-12(01).

③ 工业和信息化部．2017 年通信业统计公报[EB/OL]．[2018-02-02]．http：//www.miit.gov.cn/n1146285/n1146352/n3054355/n3057511/n3057518/c6047251/content.html.

对该学科领域的理论、经验和实践会产生较大的促进作用。该研究在理论与实践上都具有非常重要的研究意义，具体表现在：

在实践层面上，移动互联技术的不断更新，让全世界网络用户的生活、工作、学习方式发生了翻天覆地的变化，用户的网络信息消费行为也发生了较大变化。用户对网络数字信息资源的需求绝对不会只是形式上的改变，网络信息资源的服务商必须认识到这种改变，并千方百计提高信息内容的服务方式，推动内容服务的建设。网络信息资源的服务商应该想方设法抓住用户移动消费的核心需求，随时随地为用户提供优质的信息内容。从各种数据来看，我国的整体信息消费水平还处于一个相对落后的水平，而且普遍重视信息技术的发展，忽视信息内容的建设，不能全面满足用户的深层次需求。本书拟通过调查问卷、数据统计分析和实证研究，探索各种心理和行为因素与数字信息移动消费行为之间的影响关系，系统研究影响数字信息资源移动消费行为的个人因素（如消费习惯、信息素养、时间成本、价值观、重要性等）、情境因素（如界面友好性、风险感知、信息量、设备性能等）和效能因素（如感知信息效能、自我效能、反应效能、集体效能等）。在此基础上，对数字信息资源移动消费行为现状进行定量分析，提出优化数字信息资源移动消费行为的具体策略，为优化移动消费行为、提升信息产品多媒体、多终端制作传播能力提供科学的方法；为丰富信息消费内容产品供给、增强企业供给能力、推动移动互联网健康发展和信息消费可持续增长提供科学的指导。

从社会层面来看，近几年，我国信息消费在国家政策的扶持下发展迅猛，但区域发展严重失衡，而且重技术轻内容，不能全面满足用户的深层次需求。所以，新一届中央政府先后发布了《关于促进信息消费扩大内需的若干意见》和《关于进一步扩大和升级信息消费持续释放内需潜力的指导意见》，把信息消费提到了一个前所未有的高度。本书的研究为挖掘信息消费市场潜力、提高信息消费水平、改善信息消费环境、推动移动互联网健康发展和信息消费可持续增长提供科学的指导。此外，信息内容产业的创新与发展不仅能够带动信息行业本身的发展，而且由于该行业具有超强的行业培育和渗透能力，也必将会优化、带动和引导其他各行业和产业的快速与健康发展。

在理论上，现阶段学者们对移动消费的研究还处于初期阶段，目前关于这方面的研究以及可供参考的资料还为数不多，而基于数字信息资源的移动消费研究更不多见，急需进行理论研究来丰富其理论体系。本书拟以数字信息作为研究对象，以移动消费作为切入点，将情报学理论和心理学、社会学、经济学、组织行为学和市场营销学等诸多学科相结合，从新的视角对数字信息资源的移动消费、用户行为进行系统分析，系统研究影响数字信息资源移动消费行为的个人因素、情境因素和效能因素，并建立影响因素评价体系，既拓展信息消费理论研究的广度和深度，为形成科学、完善的数字信息资源移动消费行为理论提供研究和参考的思想源泉，也为学术界进一步研究信息移动消费可持续行为提供非常重要的理论参考，更为互联网信息内容提供商提升信息产品、服务、内容的有效供给水平提供理论依据，进而丰富和完善消费行为研究的理论体系。

1.2　国内外研究现状

基于系统认识信息移动消费研究内容相关领域的国内外发展趋势的目的，笔者对已经公开发表和出版的国内外学术成果展开了大量的信息查询、浏览、分析和总结。国外相关文献主要通过EBSCO(Business Source Premier)、ISI Web of Science(SCIE+SSCI)和ProQuest博硕士论文全文数据库进行查找，国内文献通过中国知网(CNKI)的“中国学术期刊网络出版总库”、“中国博士学位论文全文数据库”、“中国优秀硕士学位论文全文数据库”、“中国重要会议论文全文数据库”四个子库和重庆维普数据库系统进行查找。而国外ScienceDirect全文数据库是由众多学科子库构成，本书只是选择了管理类文献子库，故而检索出的文献数量看上去比EBSCO数据库的文献数量少很多。按照相关关键字检索的结果见表1-1。

在检索国外全文数据库时，“信息行为”对应的英文关键词是“information behavior”，“信息消费”对应的英文关键词是“information consumption”，“移动消费”对应的英文关键词是“mobile consumption”，“移动 & 信息消费”对应的英文关键词是“mobile & information consumption”，“手机 & 信息消费”对应的英文关键词是“cell phone & information consumption”，“移动互联网 & 信息消费”对应的英文关键词是“mobile internet & information consumption”。

表 1-1 **国内外代表性全文数据库检索一览表**

<table>
<tr><th colspan="2">关键词
数据库</th><th>信息行为</th><th>信息消费</th><th>移动消费</th><th>移动 & 信息消费</th><th>手机 & 信息消费</th><th>移动互联网 & 信息消费</th></tr>
<tr><td rowspan="2">国内文献</td><td>CNKI</td><td>1756</td><td>1166</td><td>41</td><td>213</td><td>76</td><td>95</td></tr>
<tr><td>维普</td><td>2133</td><td>1997</td><td>390</td><td>56</td><td>17</td><td>34</td></tr>
<tr><td rowspan="3">国外文献</td><td>EBOSCO</td><td>6512</td><td>5932</td><td>708</td><td>313</td><td>11</td><td>21</td></tr>
<tr><td>ScienceDirect</td><td>1077</td><td>113</td><td>85</td><td>21</td><td>13</td><td>22</td></tr>
<tr><td>ProQuest 学位论文</td><td>191</td><td>22</td><td>15</td><td>9</td><td>7</td><td>13</td></tr>
</table>

注：文献检索截止时间为 2018 年 1 月 31 日。

国内外众多学者已将情报学理论与社会学、心理学、经济学、组织行为学和市场营销学等诸多学科相结合，从全新的视角对这些交叉学科知识展开了一系列的探究。通过对前人理论成果的系统分析和总结，能够大致窥探到本学科领域的研究现状。总结归纳有如下。

1.2.1 国外研究文献综述

对表 1-1 中的国外代表性全文数据库检索到的研究文献数据进一步细化，尤其是近五年的文献研究数据(见表 1-2)，用柱状图直观表现，形成国外研究文献近五年发表情况数量分布图，如图 1-1 所示。

表 1-2　　　国外代表性全文数据库检索数据一览表

关键词	数据库	2013 年	2014 年	2015 年	2016 年	2017 年
信息行为	EBOSCO	274	437	306	235	283
	ScienceDirect	48	56	52	51	57
	ProQuest	8	7	9	6	12
信息消费	EBOSCO	252	408	311	306	271
	ScienceDirect	5	10	13	9	16
	ProQuest	1	0	3	5	6
移动消费	EBOSCO	54	32	33	29	46
	ScienceDirect	7	6	11	15	13
	ProQuest	0	1	3	3	4

为了了解国外信息移动消费的研究现状，本书以国际研究热点、趋势和前沿为切入点，对国外相关领域研究文献进行了全面的查询和梳理，重点从信息行为、信息消费和移动消费三个方面进行文献综述。

(1)国际研究热点——信息行为研究。

美国统计协会研究员艾尔斯(Leonrad P. Ayres)和麦肯尼(Adele Mckinnie)于 1915 年针对公立学校卫生工作进行的一系列统计分析被认为是现代用户信息行为研究的起点；① 1948 年在伦敦举行了英国皇家社会科学信息会议(The Royal Society Scientific Information Conference)，贝尔纳(John D. Bernal)博士在会议上公开的一篇《关于科技论文使用调查问卷初步分析》的论文，被公认为是最早关于用户信息行为研究的标志性学术成果。② 从图 1-1 可以看出，国际上近五年在“信息行为”相关领域的研究十分热门，而且

① Leonrad P. Ayres, Adele Mckinnie. The public library and the public schools [M]. Ohio: The survey committee of the Cleveland foundation, 1916: 7.

② Wilson T. D. Human information behavior[J]. Informing Science the International Journal of an Emerging Transdiscipline, 2000, 3(2): 49-56.

研究成果也相当丰富，且大部分文献集中在对信息行为模型和网络信息行为方面的论述。

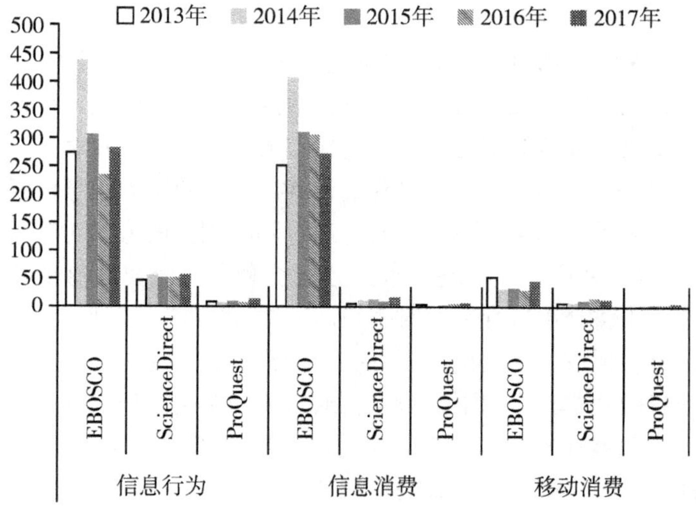

图 1-1 国外研究文献近五年发表情况分布图

① 信息行为模型。

20 世纪 50 年代，西方学者将系统方法、认知方法应用于情报行为①的研究中，通过实验、考察、调查、访谈等方式研究用户的信息搜寻行为、信息选择行为、信息利用行为等。美国俄亥俄州立大学教授布伦达·德尔文(Brenda Dervin)和尼兰·米(Nilan M. S)在《信息需求与利用》②一文中解释了信息使用或表达的需要，从信息需求、利用到强大的信息指导系统，根据泰勒信息需求的四个级别，从传播媒介的角度研究了有关渠道选择、信息质量与数量、信息处理的概念框架等，运用行为理论研究了用户需求的多样性以及动机和人格因素的影响作用等。而且德尔文利用 8 年的时间，创

① 20 世纪 90 年代以前，国内外学者都把信息行为称为"情报行为"。

② Dervin B, Nilan M. S. Information needs and uses[J]. Annual Review of Information Science and Technology, 1986(21): 3-33.

建了意义建构理论①(Sense-Making Theory)，不久后又将其进一步深化、演绎成一种方法论和认识论，而且还从信息论的角度对信息行为本质展开深入研究，对于信息行为的研究具有非常重要的意义。

大卫·埃利斯(David Ellis)通过对英国谢菲尔德大学(The University of Sheffield)社会科学工作者的信息搜寻行为研究，提出任何搜寻信息的个人行为都有开始、连接、浏览、区分、跟踪、采集六个特点。② C. W. Choo 等研究者重新审视了埃利斯的信息检索系统理论，拓展了埃利斯的研究范畴，通过问卷调查的方式对 7 个公司的 34 个参与者进行了网络调查，分析埃利斯所研究的每个特点在网络环境中将会出现什么，对用户的网页和网站的查询、浏览行为进行研究，形成了网上信息搜寻整合理论。在研究中他们发现网络搜寻信息的模式具有以下的特点：通常未受指引的信息搜寻采用分类、浏览和鉴别的方式；非正式的信息搜寻使用分类和就地获取；正式的信息搜寻则采用精确的信息获取。③

美国图书馆学家库尔斯奥(C. C. Kuhlthau)早期研究的信息搜索过程模型(The Model of the Information Search Process，ISP 模型)是经过 20 多年实证研究形成的概念性框架结果，从用户的角度把信息寻求的整体过程分为六个阶段：任务启动、选择、探索、聚焦构想、收集和报告，每个阶段共有三个领域的经验：情感(情绪)、

---

① 该理论视信息需求与利用为一种沟通实践模式，其核心内容是信息不连续性、人的主体性以及情境对信息渠道和信息内容选择的影响。意义建构理论是一种强调以历时性过程为导向的研究方法，提供倾听使用者的方法，了解使用者如何解读他们目前所处情境、之前的经验及未来可能面临的情境，及使用者在所处情境中如何建构意义(construct sense)及制造意义(make meaning)。

② Ellis D. The physical and cognitive paradise in information retrieval research[J]. Journal of Documentation, 1992, 48(1): 45-64.

③ Choo Chun Wei, Brian D, Don T. Information seeking on the web: An integrated model of Browsing and Searching [C]. Paper presented at the Annual Meeting of the American Society for Information Science (ASIS) (62nd Washington D. C, October 31, November 4, 1999).

认知(思想)和物理(行动)。ISP 的核心是弄清不确定性、情感和认知的概念，以及在信息寻求过程中信息增加的不确定性。① 而且受乔治·凯利(George Kelly)的个人建构理论(Personal Construct Theory)影响，ISP 提供信息寻求的过程包括用户经历一系列的思想和情感体验，从模糊和焦虑转向清晰和自信的搜索过程，将不确定性视为创新和创造力开始的标志，图书馆和信息服务的目标从减少不确定性转移到支持用户的建设性的过程。虽然个人知识和信息等内容受情感方面的不确定性和混乱会影响相关性认知方面的判断，但是不确定性和混乱经常产生吸收新信息的能力，新信息在内心增加信心和肯定的感觉，用户可能会形成一个新的整合系统，将知识状态转移到更清晰、更集中的个人构思之中。

英国情报学家威尔森(T. D. Wilson)认为信息查询行为只是信息行为的一部分，信息行为的基本活动除了信息查询外，还有信息需求、信息交流、信息传递、信息加工、信息利用等更多的信息活动和信息关系。Wilson 教授把信息查询行为分为：开始、连接、浏览、区分、监控、提取、证实、结束等八个阶段。Wilson 整合了许多已有的研究模型，把产生信息行为的因素归纳为：压力/适应理论(Stress & Coping Theory)、风险/报偿理论(Risk & Reward Theory)和自我能效理论(Self-efficacy Theory)。② 虽然，威尔森对其他信息活动的研究只是浮光掠影，但其研究成果拓展了信息行为研究的内涵，使人们能更清楚信息查询行为的背景、环境和影响因素，且不再局限于情况科学的研究领域，研究方法以定量和定性相结合的系统认知方法转变，为信息行为的发展和研究提出了新的视觉和方法。

---

① Kuhlthau, C. C. The concept of a zone of intervention for identifying the role of intermediaries in the information search process. In *Global Complexity*; *Information*, *Chaos and Control*, Proceedings of the 59th American Society for Information Science Annual Meeting, Baltimore, MD., October 21-24, 1996; Hardin, S, Eds., Information Today, Medford NJ, 1996: 91-94.

② Wilson T D. Human information behavior research[J]. Journal of Documentation, 1999, 55(3): 249-270.

② 网络信息行为。

英国蒂姆·伯纳斯-李(Tim Berners-Lee)爵士，作为 20 世纪影响世界历史的 100 位科学家之一，他的互联网发明不仅对信息全球化的发展有重大意义，而且让人们的生活状态发生了巨大变化。移动互联网的出现就像很久以前电的发明一样，对各行业乃至是整个人类社会都有着划时代的意义。

互联网从诞生至今才二十多年，却迅速造就了一批庞大的网络信息用户队伍，互联网正逐渐成为每个人都认为是理所当然的工具。而且，在数字化环境下，互联网作为一种虚拟信息传播渠道，与实体终端相结合，人们对信息的消费比以往更方便、快捷。近几年国外尤其关注网络信息行为的研究和应用，针对网络消费者个体特点、网络搜寻行为特点、网络信息行为影响因素、网络消费决策过程等方面的研究成果也十分丰富。

英国图书馆与联合信息系统委员会(British Library & Joint Information Systems Committee)共同撰写的研究报告《未来研究人员的信息行为》①指出：检索信息时从搜索引擎开始，搜索引擎要比实体的或在线图书馆更适合检索信息。新形式的信息搜索行为的特征从本质上可以概括为横向的、跳跃的、检查式的、浏览的，用户是多样的、分散的、不稳定的。可见人们对互联网并没有形成一个成熟的认识，只是把互联网当作一个来自不同提供者的网络资源的集合，他们更加倾向于使用诸如 Google、Yahoo 这样的搜索引擎来满足研究需求。

面对海量的数字信息资源，图书馆也因势而变，从传统的实体文献资源服务转向现代的虚拟数字资源提供，用户也迅速成为信息消费者，他们利用电脑可以很方便地从图书馆网站上搜索、浏览并打印大量的全文信息。人们在获取知识时首先想到的和选择的是互联网和搜索引擎，他们更愿意通过电脑屏幕阅读而不是阅读纸质图书，这与那些“通过图书和传统图书馆获取知识”的用户形成了鲜

---

① 英国图书馆，JISC 著；王秀华，王丽贤编译．未来研究人员的信息行为[J]．图书情报工作动态，2008(1)：2-14.

明对比。① 用户的搜索行为是跳跃式的，他们在商业搜索引擎、社会网络站点、wiki、图书馆提供的图书资料和电子服务等途径之间任意选择，满足他们的信息需求，他们要求不断发展的、动态的、个性化的服务。

作为一种时下流行的信息沟通模式，社交媒体的出现有效地推动了信息在虚拟网络世界中的广泛分享。莫拉莱斯等人认为，新技术(尤其是社交网络)已经加速渗透到世界各地的用户中，为了描述新兴社交网络的结构和原理，通过网络应用程序 Twitter 进行数据的收集、分析发现，社交网络结构与决定信息流动方向的三种不同用户行为高度关联，尽管在线社交网络仿佛在一个纯粹的社会环境中发展，但传统媒体仍然对网络负载有很大影响。② 劳埃尔等人则从心理学角度，调查虚拟网络大量无用信息、欺骗信息对青少年行为产生的潜移默化影响，当同龄人表现出欺骗和拒绝可能影响青少年对社会的认知，导致和加剧青少年的行为问题。③ 斯蒂格利茨等人集中研究了网络媒体微博的信息传播特性、用户和网络驱动信息扩散的特点以及情感与信息扩散之间的关系，建议企业应该更加注重分析用户在与品牌和产品有关的社交媒体通讯以及在设计广告内容引发的情绪。④。

希腊社会心理学家 Lioutas 以食品信息消费为例，研究社会信息如何嵌入用户行为反应。食品消费者的信息行为经历了从信息需

① Jason Frand. The Information mindset: Changes in students and implications for higher education. Educause Review, March/April, 2006: 15.

② A. J. Morales, J. C. Losada, R. M. Benito. Users structure and behavior on an online social network during a political protest[J]. Physica(Section A: Statistical Mechanics and its Applications), 2012, 391(21): 5244-5253.

③ BreaAnne, M. Lauer, Kimberly Renk. The Peer Informant: Characteristics Related to the Perceptions of Peer Behavior Problems[J]. Journal of Child and Family Studies, 2013, 22(6): 786-800.

④ Stefan Stieglitz, Linh Dang-Xuan. Emotions and Information Diffusion in Social Media—Sentiment of Microblogs and Sharing Behavior [J]. Journal of Management Information Systems, 2013, 29(4): 217-248.

求认知到信息使用的阶段，信息需求是派生需求，主要源自(生理或心理)的需求。信息需要被唤醒后，消费者开始通过互联网搜索可用的信息来源寻找食物信息、收集评估信息，同时进行信息提炼、加工和翻译成不同的行为反应。一旦判断质量或数量不足，消费者将继续寻求通过其他路径的信息。① 克里斯特尔等人研究了网络金融信息对低收入人群财务行为的影响，并分析了正式顾问与财务行为之间的关系。②

在信息行为这一研究领域，国外还有 M. Demey(1980)、Nicholas J. Belkin(1984)、Peter Ingwersen and Kalervo Jarvelin(1992)、Reijo Savolainen(1995)、Kimmo Tucminen(1997)、Elfreda A Chatman(1999)、Lane and White's(1999)、Sanda Erdelez(2000)、Christine L. Borgman(2003)、L. Haines(2010)、Fatima Goraya(2013)、Lori J. Strauss(2014)、Savolainen R(2017)等一大批优秀的情报科学专家，研究内容既包括信息行为的起点——信息需求，也包括信息行为的各个阶段以及整个信息行为过程中所涉及的认知、情感等心理活动，研究方法并非局限在情报科学领域内，也借鉴了哲学、认知科学、心理学等多种学科的理论与方法，丰富和推动了整个情报科学研究领域理论和实践的发展。这些研究成果也给笔者的研究指明了一定方向，给本书的研究提供了理论支撑。

(2)国际研究趋势——信息消费研究。

从以"信息消费"作为检索词的检索结果来看，国际上已经公开发表和出版了大量的相关学科的理论成果。并且，从相关文献发文量的查询结果来看，信息消费的研究文献越来越多，近几年呈加速发展的趋势。国外关于信息消费方面的理论研究注重实践性，对

① Evagelos D. Lioutas. Food Consumer Information Behavior: Need Arousal, Seeking Behavior, and Information Use [J]. Journal of Agricultural and Food Information, 2014, 15(2): 81-108.

② Hudson, Crystal R., Palmer, Lance. Low-income employees: the relationship between information from formal advisors and financial behaviors[J]. Financial Services Review, 2014, 23 (1): 25-43.

信息消费市场的应用与前景进行了大量的实证研究，信息消费制约因素①、数字鸿沟②的问题，信息与消费者的关系③，信息消费对政治、经济、文化以及技术的拉动作用、信息产品供给能力等内容，都有较深入的数字分析和结论。

① 信息消费演变。

20 世纪 80 年代起，“信息时代”、“信息社会”一次开始频繁出现，信息变成这个时代最重要的商品。国外很多学者把信息形象地比喻为食物，展开信息过度消费对人们身体的伤害方面的研究。克莱·约翰逊(Clay A. Johnson)在《信息饮食：意识消费案例》④一书中将信息消费与食品消费进行类比，正如一些食物(比如糖、面粉和脂肪等)对我们的身体有害会导致病态肥胖一样，大量暴风雨般的干扰信息也同样对我们不利，导致我们遭受严重的信息超载和过度消费。学习有意识的媒体消费就像如何有意识的吃得健康一样，对我们的生活至关重要，是一种有价值的技能。随着数字信息输出的增长，我们的视觉、听觉每天 24 小时不间断地受到即时消息、微博、电子邮件、花边新闻、视频等信息的强烈冲击，大量无关紧要、无益的信息吸引了我们的注意力和时间。我们的信息读写能力和搜索处理能力等，或者说是信息素养亟待培养和提高，要学会如何过滤掉虚假信息或垃圾信息，懂得把我们宝贵的时间和精力用于消费真实、有价值的信息。

乔伊斯·诺顿(Joyce Routson)在《专家思考互联网的未来》一文中就提及过信息过载，文章指出有研究表明：“地球上每个人每年

---

① Ockenden Sandy. Consumerism & Development[J]. Teachergram, 1996, 4(1): 1-10.

② John C. Shirk. The Costs Benefits of Lifelong Learning: Consumer Behavior[J]. Research Report, 1998, 26(1): 81-89.

③ Dan Ariely. Controlling the Information Flow: Effects on Consumers' Decision Making and Preferences[J]. Journal of Consumer Research, 2000, 27(2): 233-248.

④ Clay A. Johnson. The Information Diet: A Case for Conscious Consumption[M]. USA: O'Reilly Media Inc, 2012.

生产的信息大约有250字节——大约相当于一本250页的书……信息量每年在翻一番地增长，而花在信息消费上的时间几乎没有增加，管理这些信息才是未来20年真正的挑战。"①根据统计报告，美国人平均每天会有11.8小时的时间用于接收各种信息，信息消费时间55%来自计算机和视频游戏，35%来自电视。专家学者们开始注重对消费行为影响因素以及其对文化、技术和整个社会的影响方面进行研究。

约翰逊·艾瑞克(Eric J. Johnson)在《数字化消费研究》一文中认为，信息技术已经从根本上改变了消费活动研究的时间和金钱成本以及价值创造的经济和认知元素，信息技术的广泛扩散将会深刻改变知识生成和传播的方式。② 凯勒曼·阿哈龙(Aharon Kellerman)在《在信息社会上升的阶段》一文中提出信息社会出现了三个阶段，并总结出信息社会包括两个主要过程：生产和消费。③ 文章还指出，在一个信息技术占主导地位的社会，并不是所有的生产产品全方位地处于高度发展状态，信息技术和信息技能的发展都会影响物质消费和经济发展。沃特曼·约克(York Auterman)的《信息技术发展对国际政治的影响》④和史密斯·乔纳森(Jonathan M. Smith)的《活跃的网络：2020前景》⑤也都是从信息技术的角度入手，研究网络进展最初的愿景和尚未解决的困难方面的内容，着力解决网络性能和安全领域的问题，为信息消费实践构建开放的、更灵活的网

① Joyce Routson. Experts Ponder Internet's Future[R]. Stanford Report, 2001(2): 6.

② Eric J. Johnson. Digitizing Consumer Research[J]. Journal of Consumer Research, 2001, 28(2): 331-336.

③ Aharon Kellerman. Phases in the Rise of the Information Society[J]. Journal of Policy, Regulation and Strategy for Telecommunications, 2000, 2(6): 537-541.

④ York Auterman. Impacts of Information Technology Development on International Politics[J]. Journal of Information Systems, 2002, 16(2): 227-239.

⑤ Jonathan M. Smith. Active Networks: A 2020 Vision[J]. IEEE Communications Magazine, 1997, 33(5): 64-79.

络层。

俄罗斯学者关注的是俄罗斯社会的信息消费。国家信息和通信技术的使用正在增加，但访问级别仍落后于其他国家。作者引用了经济落后国家的技术贡献和数字结果，指出在 21 世纪信息社会的崛起和发展帮助带动了经济发展。文章提到了信息社会的特点，包括知识生产行业在国内生产总值(GDP)的份额大幅度增长，科学密集型技术的创造和采用以及科学技术的加速发展。①

② 信息消费模式。

意大利阿塔纳西奥等经济学家引用了坎贝尔(1989)的消费分配“过度平滑”理论和汉森、萨金特(1991)的预算约束理论②，通过预算集和预算线的变动对比分析，来测试跨期选择③影响消费支出和收入关系的动力学模型。由于隐藏的道德风险问题，研究测试的影响消费和收入的动力学模型的首位配置没有完成。理论模型解释了测试经济主体面临的市场结构，也建立了一个基于横断面的动态消费和收入的差异测试模型，采用相同的结构参数，测试过剩的平滑度。报告的结果是符合模型的影响，内部一致的。④

在 2013 年 2 月，美国总统奥巴马在密歇根州就“无线创新与基础设施计划”发表演讲时宣称，为落实国情咨文中提出的经济增长战略，美国决定建设高速无线网络计划，以加快拉动信息消费，推动美国经济增长，提高居民收入，创造更多就业。⑤ 奥巴马从政治

---

① V. M. Zherebin, N. A. Ermakova, O. N. Makhrova. Consumption in the Information Society[J]. Russian Education and Society, 2010, 52(3): 54-71.

② 预算约束描述的是在给定商品价格和收入的情况下，消费者可以消费的商品的数量。预算约束要求消费支出不得超过消费者的收入。

③ 由经济学家欧文·费雪提出，其含义是消费者力图使得目前消费与未来消费的组合能够带来最大效用，这就是跨时期最优选择。

④ Orazio P. Attanasio, Nicola Pavoni. Risk Sharing in Private Information Models with Asset Accumulation: Explaining the Excess Smoothness of Consumption [J]. Econometrica, 2011, 79(4): 1027-1068.

⑤ 刘林森. 美国信息消费依赖“宽带”拉动[J]. 信息化建设, 2013(10): 20-21.

的角度提出宽带新政，如果有一半的美国人使用宽带互联网服务，所发生的信息消费每年可以为美国经济贡献2000亿美元。美国的宽带普及率居全球之首，信息消费基础更加深厚，消费者的信息消费能力和信息需求量也更大，手机购物、互联网购物的使用比率达到76%，说明美国消费者对移动互联网的安全信赖度较高。

英国布莱顿大学首席讲师马丁博士(Martin De Saulles)2012年出版的《信息2.0：信息生产、分配和消费的新模式》①一书，是学习信息社会的里程碑式的教科书。该书借鉴国际案例研究，结合当前数字信息世界发展趋势，探讨了信息产品生产、储存、分配和消费四个核心领域的根本变化，为信息专业人员和学者提供了一个全面掌握新的信息环境和如何应对一系列前沿问题的指南。在过去15年里，信息产业受技术变革的巨大影响，从iPad和电子书到大规模宽带，草根阶层迅速崛起，软件、硬件和信息内容创建公司之间的关系重组，开放获取、信息云存储、RSS等非正式数字信息传播正在威胁着传统的利益相关者，如图书馆、出版商和报业工作者。

围绕着《信息2.0：信息生产、分配和消费的新模式》一书，英国多位学者撰写了书评。Dalby认为该书内容涵盖了信息社会正在发生的每一个方面，该书将一定技术整合到图书馆和信息科学的基础课程，适合学校和学术型图书馆员、信息专业人员使用，马丁总结了在过去的几十年里信息技术的快速发展，回顾了博客和播客对传统数字信息的出版、管理和保存提出的挑战和机遇。还对图书馆和信息科学的"核心业务"——编目、分类、收集管理等进行了清楚解释，引导读者通过最近的技术变化演示轨迹了解其对信息生产、储存、分配和消费产生的深远影响；② Sturges则认为马丁虽

① Martin De Saulles. Information 2.0: New Models of Information Production, Distribution and Consumption [M]. London: Facet Publishing, 2012.4.

② Alyson Dalby. The Book Review of Information 2.0: New Models of Information Production, Distribution and Consumption [J]. Library Management, 2013, 34(1): 141-142.

然承认和解释了信息生命周期如何变化，但书中的分析和评论没有勾画出未来的严峻局面。虽然传统信息生命周期的角色正在改变，一系列新的、有趣的可能性会不断出现。正如音乐下载和文件共享带来了版权的问题，太多的信息共享引起了隐私问题和信息过载的担忧，人类社会开始不断涌现出新环境带来的相关可能性；① Daniel 认为互联网催生了新媒体如博客、播客和搜索引擎、Facebook 及 Twitter 等信息网站，全书用四个主要章节讨论了信息生产、储存、分配和消费的变化性质，每一章包括简短的案例研究，描述那些学生或普通读者如何利用这个新环境。马丁预言在未来无处不在的数字世界，未来信息专业人员的角色是进行数据挖掘和翻译，如何合法地保存已出版的数字信息是值得深思的问题；② Donahue 认为信息 2.0 是一本及时的、方便和容易消化的书，如同我们所熟悉的术语 Web 2.0，用于修饰或说明一个比它的前任更有活力的和公共性的网络文化，这本书的标题暗示着信息本身已经进入一个新的历史阶段。从信息生产开始，马丁预言似的列举了通过接受博客、wiki、搜索引擎和播客发展的方式创建信息的新模型。为了回顾最近信息存储的演化，作者对网络保护、版权的挑战、数据挖掘、数字化项目和云存储等进行了简短讨论和示例。③

(3)国际研究前沿——移动消费研究。

据 2015 年年初的统计数据显示，全球接入互联网的移动设备

① Paul Sturges . The Thoughts about Information 2.0: New Models of Information Production, Distribution and Consumption [J]. The Electronic Library, 2013, 31(4): 541-542.

② Daniel Giddens. The new media era—Reviewing Information 2.0: New Models of Information Production, Distribution and Consumption [J]. The Australian Library Journal, 2013, 62(1): 71-72.

③ Donahue, Tim. The Shift of Information Literacy Towards Research 2.0—after Reading Information 2.0: New Models of Information Production, Distribution, and Consumption[J]. Journal of Academic Librarianship, 2013, 39(1): 95-96.

超过 70 亿台，且移动设备接入互联网的用户数增长迅猛。① 美国惠普公司全球副总裁谢少毅预言到 2030 年全球将有一万亿台移动设备接入互联网。美国是全球第一个开始大规模部署 4G 网络的国家，在 2012 年中期就拥有全球一半的 4G 用户。移动网络将信息服务变得更加个性化、更具移动性、也更为直观。

从用"移动消费"关键字进行查询的结果来看，国外相关领域的理论成果还比较少，但有渐成主流之势。ProQuest 学位论文系统中有 5 篇硕士论文是从技术的角度探讨移动终端如何降低能源消费，延长设备使用时间和寿命。国际学者侧重于在移动设备、应用程序等技术方面的研究，比如智能手机应用程序在医学信息上的应用。②

如同五百多年前印刷机的发明对社会与信息的相互作用产生了重大影响，今天互联网和数字技术由于更聪明、简单的计算能力，信息成为比以往更强大的商品，移动设备及其附带的应用程序使消费者获取信息的渠道更容易。信息消费最终将主要是基于移动信息。国外学者在信息的移动消费需求和行为方面已经开展了一些研究工作，不过还没能形成系统的理论体系。国际上众多学者主要通过移动信息消费日志，实时记录用户的移动信息需求、产生移动信息需求的原因、实现信息需求的方式和手段等，这些数据建立在大规模统计变量的基础之上，忽视了个体因素在消费行为上所反映出来的差异。

为了解数字信息资源移动消费方面的研究情况，用"移动消费"和"信息"，或"信息消费"和"移动"进行查询，虽然国外的研究文献不多，但国外在相关领域的研究已经起步。此外，笔者用

---

① We Are Social. 2016 年全球互联网、社交媒体、移动设备普及情况报告[EB/OL]. [2016-12-18]. http://www.ifanr.com/485987? utm_source = rss & ut.

② Ambarish Pandey, Sayeedul Hasan, Divyanshu Dubey, Sasmit Sarangi. Smartphone Apps as a Source of Cancer Information: Changing Trends in Health Information-Seeking Behavior[J]. Journal of Cancer Education, 2013, 28(1): 138-142.

“移动 & 信息消费”、“手机 & 信息消费”和“移动互联网 & 信息消费”三组关键字进行反复查询，并将查询结果相加列于表 1-1 中。可以看出，国际上对该主题的理论研究非常的少，大多从实践应用上开展研究。不过国际上的专家学者们已经开始注意到这一理论领域的空白。

1.2.2　国内研究文献综述

对表 1-3 中的国内代表性全文数据库检索到的研究文献数据进一步细化，尤其是近五年的文献研究数据(见表 1-3)，用柱状图直观表现，形成国内研究文献近五年发表情况数量分布图，如图 1-2 所示。

表 1-3　**国内代表性全文数据库检索数据一览表**

关键词	数据库	2013 年	2014 年	2015 年	2016 年	2017 年
信息行为	CNKI	92	104	100	73	82
	维普	164	192	157	157	169
信息消费	CNKI	287	259	128	88	88
	维普	517	447	350	173	136
移动消费	CNKI	0	2	7	1	5
	维普	29	50	66	59	51

信息移动消费是信息消费活动的一部分，有关信息消费方面的研究很多，具体涉及以下方面：

(1)关于信息行为的研究。

从表 1-3 可以看出，从以“信息行为”作为检索词的检索结果来看，国际上已经公开发表和出版了大量的相关学科的理论成果。而国内的文献发文量相对少很多，且主要是学习、借鉴国外的成熟理论。近几年，国外尤其关注网络消费行为研究和应用，针对网络消费者个体特点、网络消费行为影响因素、网络消费决策过程等方面的研究成果丰富。同时，对比国外的研究还发现，国内学者关于信

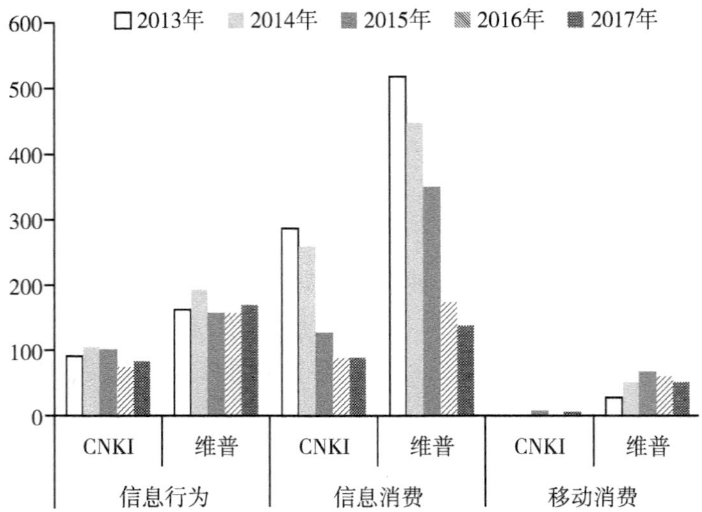

图 1-2 国内研究文献近五年发表情况分布图

息行为研究缺乏系统性，研究进展相对缓慢，近几年的发文量数据平稳，处于一种学习型的研究阶段。

20 世纪 90 年代以前，信息行为被称为“情报行为”。进入 20 世纪 90 年代，学术界逐渐出现“信息行为”的概念，有学者从用户的角度对信息行为进行定义。比如，行为主体为了满足某一特定的信息需求，在外部作用刺激下表现出的获取、查寻、交流、传播、吸收、加工和利用信息的行为①；信息行为是用户响应和满足自身信息需求的行动和历程②；信息行为是指人们需要、搜寻、获取和使用信息的行为总和，是外部环境与人的内在因素相互作用的结果③。

① 胡昌平．信息服务与用户[M]．武汉：武汉大学出版社，2008：226-227。

② 曹双喜，邓小昭．网络用户信息行为研究述略[J]．情报杂志，2006(2)：79-81.

③ 乔欢编著．信息行为学[M]．北京：北京师范大学出版社，2010：12。

虽然相对于国外研究而言，国内学者在用户实践行为方面发表的理论文献不多。但基于互联网普及，越来越重视网络信息行为研究，研究文献总量已成逐年递增的趋势，信息行为研究趋向深层次、数据化、灵活性发展。对信息行为研究注重中国特色，在系统归纳、剖析国外理论成果的基础上，结合国内信息行为理论研究现状，探索符合中国用户行为的模型和研究视角；结合国内用户行为实际调查数据，运用心理学科知识，摸索影响信息行为的因素以及实践应用改进方法。

对国外理论成果的分析研究。胡雅萍、汪传雷(2011)通过对国外五种信息行为模型(Krikelas 模型、Bystrom & Jarvelin 模型、Leckie 模型、Johnson 模型、Savolainen 模型)进行概括性介绍和简要评析，并从模型的提出时间、变量数目、研究关注焦点、研究视角、研究方法、主要变量、行为结果等方面进行比较分析①；吴丹、邱瑾(2012)以国外期刊发表的协同信息检索行为研究文献为对象，采用综合归纳方法，分析协同信息检索行为研究的进展②；胡雅萍(2013)以 Web of Science 数据库和 CNKI 数据库中 2002—2012 年信息行为领域相关文献为研究对象，利用 Citespace Ⅱ 软件对相关引文数据、关键词数据进行分析和处理，对国内外信息行为研究的知识基础、研究热点和前沿进行对比分析③；叶平浩、张李义(2013)对 2002—2011 年国内外信息行为研究的主题进行比较和分析，以高频关键词的共词矩阵和相异矩阵为基础，绘制出国内外信息行为领域研究知识图谱，对该领域的研究热点和前沿进行了深入分析和对比④；韩秋明(2013)采用共词分析的理念，并利用 G-N

---

① 胡雅萍，汪传雷．国外信息行为模型比较分析[J]．情报杂志，2011，11：71-75.

② 吴丹，邱瑾．国外协同信息检索行为研究述评[J]．中国图书馆学报，2012，06：100-110.

③ 胡雅萍．近十年国内外信息行为研究热点与前沿对比分析[J]．情报杂志，2013，06：107-113.

④ 叶平浩，张李义．2002—2011 年国内外信息行为研究对比分析[J]．情报科学，2013，04：149-154.

算法进行聚类，对国内外信息行为研究领域的特点、异同、发展趋势等方面进行比较分析①；周海花、华薇娜、皇甫青红等人(2014)选择 Web of Science 数据库中 2004—2013 年所收录的与信息行为相关的 1022 篇文献进行高频关键词统计分析，并利用统计分析软件 SPSS20.0 对 34 个高频关键词进行因子分析和聚类分析，探讨了基于信息素养、基于信息科学和信息管理、基于信息需求和信息源、基于数据库、基于信息检索和搜索引擎、基于电子期刊的用户信息行为研究等六大主题②；李小青、张凤琴、严晓梅等人(2018)选取国外 19 个典型信息行为模型，从来源、理论视角、模型观点/领域、情境因素等方面展开对比分析，研究典型模型内部的观点完善过程，探索模型之间在研究基础、行为类型、涉及领域、要素组成等方面的继承影响关系，揭示出国外信息行为模型研究领域的发展脉络③。

邵云华(2011)介绍了近十年来信息行为研究的现状，综述了信息行为研究的主要内容：信息行为主体、信息行为规律、信息行为影响因素、信息行为方法论，并对信息行为研究的发展趋势进行了简要阐述④；刘灿(2012)从网络用户信息查寻行为的定义入手，从网络用户信息查询行为的类型、规律、特点、影响因素、行为模型以及研究趋势等方面，对国内 2000—2009 年网络用户信息查寻行为的研究成果进行综述⑤；孙玉伟(2012)借助软件 CitespaceⅡ以知识图谱的方式对 1975—2011 年以信息行为主题的文献数据进行

---

① 韩秋明．国内外信息行为主题领域的比较研究[J]．情报杂志，2013，08：114-119.

② 周海花，华薇娜，皇甫青红．近十年国际网络用户信息行为研究的共词分析[J]．现代情报，2014，06：113-117.

③ 李小青，张凤琴，严晓梅，陈桂茸．国外典型用户信息行为模型发展综述及启示[J]．情报杂志，2018，02：194-200.

④ 邵云华．信息行为研究的现状和发展趋势[J]．情报探索，2011，02：18-20.

⑤ 刘灿．我国网络用户信息查寻行为研究综述[J]．情报探索，2012，03：18-21.

可视化分析，信息行为研究的知识基础、研究热点、研究前沿进行图谱分析①，对信息行为研究的跨学科属性、核心刊物分布、高影响力著者及代表性文献、研究热点和前沿进行图谱分析②；张海游(2012)认为信息行为理论研究经历了从心理取向到社会取向、再到多元化取向(即认知、社会、组织和情境的复合视角)的转变，文献对三种取向的理论及相关的信息行为研究进行了具体论述③，三种研究取向对人类信息行为研究具有重要意义；张一涵、袁勤俭(2014)通过对31个高频关键词采用共词分析、聚类分析和战略坐标分析等研究方法进行统计，探析与揭示了用户信息行为研究的核心领域、成熟领域、边缘领域以及未来趋势④；宋玉梅(2014)在文献主题分析的基础上，归纳总结了2007年以来国内用户信息行为研究分布在理论、模型、研究方法、影响因素及新视点五个方面的研究现状，最后指出了近几年研究过程中存在重实践轻理论、主体单一、涉及面窄、缺乏综合研究等主要问题⑤；吴丹、袁方(2017)以信息学院联盟年会(iConference2017)提交的学术论文中有关用户信息行为方面的代表性文章作为研究切入点，从群体协同信息行为、移动用户信息行为、基于用户体验的智能交互技术等三个方面来研究用户信息行为的进展与趋势⑥。

曹梅、朱学芳(2010)从研究方法学的角度，对各种实用研究方法进行了系统归纳，初步构建了用户信息行为的研究方法体系，

---

① 孙玉伟．信息行为领域知识基础、研究热点与前沿的可视化分析[J]．图书情报知识，2012，02：108-116.

② 孙玉伟．信息行为研究的知识图谱分析[J]．情报科学，2012，05：740-745，768.

③ 张海游．信息行为研究的理论演进[J]．情报资料工作，2012，05：41-45.

④ 张一涵，袁勤俭．我国用户信息行为研究进展[J]．国家图书馆学刊，2014，06：91-98.

⑤ 宋玉梅．近几年国内用户信息行为研究综述[J]．情报科学，2014，07：151-157.

⑥ 吴丹，袁方．用户信息行为研究热点与动向：协同、移动与智能[J]．图书情报知识，2017，05：13-21.

揭示了其基本特征和走向，并详细阐述了各类实用数据采集技术和分析方法①；曹梅(2010)尝试从两个维度(纵向上经历系统导向、用户导向到认知导向的三个阶段，横向上经历由传统联机环境向网络环境的自然转向)分析用户信息行为研究的发展过程②；宋雪雁、王萍(2010)从信息行为概念、信息行为理论模型和研究范式三个方面梳理和评述了国内外信息行为研究的发展脉络和研究成果，分析了信息行为定义多样化的原因，探讨了四个具有概括力的信息行为模型，最后阐释了信息行为研究领域的三种研究范式，并提出了未来研究的趋向③；迪莉娅(2011)分别从个体主义认知方法和整体主义认知方法两种不同的视角，对信息搜寻行为、信息搜寻过程、信息行为塑造与信息偶遇等方面内容进行对比研究④；迪莉娅(2012)从建构主义的三种流派(即认知建构主义、社会建构主义以及社会建构论)探讨了它们在用户信息行为研究中的应用与发展⑤；周文杰、于斌斌(2012)综合运用词频统计及社会网络分析的方法，对国外 2001—2010 年发表的从认知视角展开的关于信息行为研究的 733 篇论文进行了文献计量分析，析出了十年来认知视角信息行为研究的 4 个主要子领域和热点问题⑥；马翠嫦、曹树金(2014)按照“基础理论—行为特征—应用改进”的研究框架，对国外图书情报学领域跨学科信息行为理论的研究对象、理论构成、主要特征及

① 曹梅，朱学芳．用户信息行为的研究方法体系初探[J]．情报理论与实践，2010，01：37-40.

② 曹梅．略论用户信息行为研究的演进[J]．图书情报工作，2010，02：55-58.

③ 宋雪雁，王萍．用户信息行为研究述评[J]．情报科学，2010，04：625-629，636.

④ 迪莉娅．西方信息行为认知方法研究[J]．中国图书馆学报，2011，02：97-104.

⑤ 迪莉娅．建构主义视角下的西方信息行为研究述评[J]．档案学通讯，2012，04：21-24.

⑥ 周文杰，于斌斌．国外认知视角的信息行为研究现状分析：基于文献计量[J]．图书情报知识，2012，01：109-114，92.

主要成果进行综述，为跨学科信息行为研究的深入开展奠定了理论基础和逻辑起点①；余小萍(2018)以用户、情境、动因、方法四大关键视角为线索，对移动搜索行为相关研究进行了系统梳理与综述，并对未来移动搜索行为的研究对象向两极延伸、搜索行为向多样化发展、研究方法与工具更加先进的三大发展趋势进行了展望②。

李贵成(2010)对图书馆用户的信息行为进行了深入研究，对如何规范高校图书馆用户的信息行为提出了具有实际操作意义的对策③；周庆红(2011)从馆藏数字资源的在线使用情况、用户使用比例及高层次用户群获取数字信息的渠道三个层面，对高校不同层次用户群数字信息获取行为及其与二八法则、长尾法则的契合点进行分析④；成颖等人(2011)以大三学生为研究对象，基于用户信息搜索行为影响因素分析模型，采用内容分析法，分析了研究对象在数据库、检索字段、检索式、限定条件、检索结果记录数、二次检索、排序方式、检索模式等方面的选择行为⑤；周晓英、蔡文娟(2014)采用案例分析和半结构化访谈法，通过开放编码和描述性统计对搜集的数据进行定性和定量分析，并阐述了大学生用户网络信息搜寻行为三种行为模式的特征以及影响因素⑥。此

---

① 马翠嫦，曹树金．信息分散下的信息行为——基于国外图书情报学领域跨学科研究的回顾[J]．中国图书馆学报，2014，01：60-72.

② 余小萍．移动搜索行为研究综述：用户 情境 动因 方法 [J]．图书馆，2018，04：93-99.

③ 李贵成．论规范高校图书馆用户信息行为的对策[J]．图书馆学刊，2010，02：43-46.

④ 周庆红．高校用户数字信息获取行为优化探究[J]．图书馆建设，2011，06：15-18.

⑤ 成颖，孙建军，郑彦宁，潘云涛．学术新人的信息行为研究[J]．图书情报知识，2011，04：63-70.

⑥ 周晓英，蔡文娟．大学生网络健康信息搜寻行为模式及影响因素[J]．情报资料工作，2014，04：50-55.

外，夏立新等人（2004）①，张卫群（2006）②，熊菊敏等人（2007）③，茆意宏等人（2010）④，王以君、胡继东、李玉安（2011）⑤，王惠英、黄伟（2011）⑥，张黎等（2011）⑦，郎玉林（2012）⑧，蔡剑等(2012)⑨，王英等人(2013)⑩，贾素娜(2013)⑪，董泽稼等人（2013）⑫，刘娟（2013）⑬，吴丹、李一喆（2014）⑭，

① 夏立新，金燕，熊回香．企业信息消费环境初探[J]．中国图书馆学报，2004(04)：81-83.

② 张卫群．图书馆用户信息行为研究综述[J]．图书馆学研究，2006，08：87-90.

③ 熊菊敏，喻华林．高校图书馆用户信息行为研究述略[J]．科技管理研究，2007，12：152-153.

④ 杨沅瑗，茆意宏，黄水清．近十年国内农民信息行为研究述评[J]．图书情报工作，2010，09：132-135，119.

⑤ 王以君，胡继东，李玉安．高校图书馆用户信息行为与服务研究[J]．武汉大学学报(哲学社会科学版)，2011，06：156-161.

⑥ 王惠英，黄伟．农民信息行为调查分析[J]．农业网络信息，2011，10：78-79，95.

⑦ 张黎，郭敏．女研究生获取服饰信息的信息行为研究[J]．图书馆学研究，2011，20：84-86，89.

⑧ 郎玉林．基于农村用户网络信息行为的个性化服务研究[J]．情报探索，2012，10：41-43.

⑨ 蔡剑，詹庆东．研究生群体网络信息分享行为动机研究[J]．图书情报知识，2012，02：81-86.

⑩ 王英，洪伟达，王政．国外未成年人网络信息行为研究及启示[J]．图书馆建设，2013，09：90-94.

⑪ 贾素娜．儿童网络信息查寻行为研究[J]．图书馆学刊，2013，03：137-139.

⑫ 董泽稼，许正良．基于网络社区的企业信息行为研究[J]．情报理论与实践，2013，11：86-89，117.

⑬ 刘娟．活动理论视角下的图情领域用户信息行为研究范式[J]．图书情报知识，2013，02：88-96.

⑭ 吴丹，李一喆．老年人网络健康信息检索行为实验研究[J]．图书情报工作，2014，12：102-108.

李菲等人(2014)①，陆和建、李祝启(2014)②等也都对不同类型用户群体的信息行为特点、影响因素等内容进行了实证研究。

随着经济全球化和社会信息化的全面发展，互联网对信息行为的影响日益显著，国内学者对网络信息行为的相关研究也开始快速升温。姚海燕等(2010)介绍了网络用户信息行为的相关研究成果，阐述了网络用户信息行为的研究视角和影响网络用户信息行为的因素，提出了网络用户信息行为研究的未来发展趋势③；欧阳剑(2011)详细阐述了新网络环境下用户信息需求的演进、信息获取渠道及方式的变革、信息选择的影响、信息理解与吸收的变化给图书馆的信息服务对象、服务角色、服务内容和服务策略等带来的深刻影响与变革④；汪传雷、冯世朋、王兰(2012)从网络信息行为失范的内涵和类型入手，探讨了网络信息行为失范的成因及其危害，最后结合某房地产行业4个社区论坛的调查数据，对网络信息行为失范进行实例分析⑤；孔少华(2013)基于后网络时代无时不在、无处不在、无所不包的特点，对比过去30多年的信息行为研究，阐述了虚拟现实技术对信息行为产生的巨大影响⑥；李亚琴、钱厚斌、杨月全(2014)等人采用文献计量法，分别从时空分布、作者分析、关键词分析角度，对国内网络用户信息行为研究的论文

① 李菲，张嘉熙，李宁．医生网络信息检索行为与医学图书馆信息服务策略探究[J]．图书馆理论与实践，2014，04：40-43.

② 陆和建，李祝启．基于网络舆情日志挖掘的政府公众信息行为研究[J]．图书情报知识，2014，05：91-100，127.

③ 姚海燕，邓小昭．网络用户信息行为研究概述[J]．情报探索，2010，02：14-16.

④ 欧阳剑．新网络环境下用户信息行为对图书馆信息服务的影响[J]．图书馆论坛，2011，05：125-127，114.

⑤ 汪传雷，冯世朋，王兰．网络信息行为失范类型、成因及其危害[J]．情报理论与实践，2012，08：21-25.

⑥ 孔少华．大型多人在线网络游戏虚拟社区用户信息行为研究——以网易大型多人在线网络游戏梦幻西游为例[J]．情报科学，2013，01：123-128.

进行统计分析①；查先进(2014)等人跟踪国内外图情领域的重要研究成果，对国内网络信息行为研究的内容和特点以及国外网络信息行为研究现状和发展动态分别进行了详尽阐述，最后还从理论基础、研究对象、研究内容、研究方法、行为类型、研究深度、合作程度等方面对国内外网络信息行为研究的异同进行了对比分析②；徐恺英、崔伟、洪旭东等人(2017)基于 TAM 和 ISSM 研究图书馆移动阅读服务的用户接纳行为影响因素，运用问卷调查法和结构方程法，针对典型用户群体发放问卷，进行数据分析，并构建图书馆移动阅读影响因素模型③。此外，李法运(2003)④，赵超(2008)⑤，邓小咏等(2008)⑥，张结魁等人(2008)⑦，米国伟、刘春茂(2009)⑧，王艳、邓小昭(2009)⑨，李枫林、臧颖(2011)⑩，

---

① 李亚琴，钱厚斌，杨月全．国内网络用户信息行为研究论文的定量分析[J]．情报科学，2014，03：71-75.

② 查先进，张晋朝，严亚兰，李晶．网络信息行为研究现状及发展动态述评[J]．中国图书馆学报，2014，04：100-115.

③ 徐恺英，崔伟，洪旭东，王晰巍．图书馆移动阅读用户接纳行为影响因素研究[J]．图书情报工作，2017，15：43-50.

④ 李法运．网络用户信息检索行为研究[J]．中国图书馆学报，2003，02：63-66，78.

⑤ 赵超．网络用户信息行为状态影响分析[J]．图书情报工作，2008，03：117-121.

⑥ 邓小咏，李晓红．网络环境下的用户信息行为探析[J]．情报科学，2008，12：1810-1813.

⑦ 张结魁，刘业政，杨善林．网络信息搜寻行为研究框架[J]．图书情报工作，2008，06：87-89，101.

⑧ 米国伟，刘春茂．基于 Web 2.0 的网络用户信息认知行为的案例分析[J]．情报理论与实践，2009，08：72-76.

⑨ 王艳，邓小昭．网络用户信息行为基本问题探讨[J]．图书情报工作，2009，16：35-39.

⑩ 李枫林，臧颖．网络消费者协同信息行为研究[J]．情报理论与实践，2011，10：10-12，4.

伍万坤、王梅(2011)①，郭明霞(2012)②，丁韧(2012)③，张薇薇(2013)④，田蓉(2013)⑤，王蕾(2013)⑥，谭金波(2013)⑦，常进等人(2013)⑧，李国鑫等人(2014)⑨，孙丽、曹锦丹(2014)⑩，李晶、王文韬(2015)⑪，刘晓华(2017)⑫等也都是从网络信息行为及其特征出发，结合调查数据，对网络信息行为进行分析研究。

(2)关于信息消费的研究。

20世纪90年代，中国香港、中国台湾学者才开始对信息消费行为进行研究，多是定性的、宏观的研究，对国内信息消费特点、现状和趋势的综述性分析，也有区域信息消费比较研究和少量的实

① 伍万坤，王梅. 浅析信息行为研究趋向[J]. 情报探索，2011，10：21-23.

② 郭明霞，李威. 网络用户信息查询行为研究概述[J]. 情报探索，2012，01：16-18.

③ 丁韧. 网络信息搜索行为影响因素研究：基于高校学生的实证[J]. 图书情报工作，2012，06：42-45，73.

④ 张薇薇. 网络用户信息查证行为探究[J]. 情报资料工作，2013，05：71-76.

⑤ 田蓉. 网络信息行为的两性差异研究[J]. 图书馆学刊，2014，03：7-10.

⑥ 王蕾. 基于信息需求的消费者网络信息搜寻行为研究[J]. 情报理论与实践，2013，07：90-93.

⑦ 谭金波. 网络视频检索的用户信息行为研究[J]. 图书情报工作，2013，08：125-129.

⑧ 常进，陈宏东，张春燕，邵瑞华. 基于CNZZ的网络用户信息行为挖掘[J]. 图书馆理论与实践，2013，04：57-59.

⑨ 李国鑫，杨雪，李梦曦，陶李. 实名制SNS网络用户信息传播行为影响因素分析[J]. 情报杂志，2014，03：176-181.

⑩ 孙丽，曹锦丹. 任务驱动的用户网络信息搜寻行为研究综述[J]. 情报科学，2014，07：145-150.

⑪ 李晶，王文韬. 心流体验理论在网络信息行为领域的应用[J]. 情报资料工作，2015，02：62-66.

⑫ 刘晓华. 新媒体环境下的图书馆用户信息需求及行为的价值取向研究[J]. 现代情报，2017，12：126-130.

证研究。与国外系统、丰富的理论研究成果相比，国内学者对信息消费的理论探索滞后很多，研究视角也有很大不同，而且内容广泛。对于信息消费的研究主要是结合技术环境从信息消费的概念、主体、内容、特征、过程、影响因素入手，进而分析实践中消费行为对社会各个方面的影响，从消费经济角度分析的文献和对信息消费水平进行评价的文献相对较少，对不同行业和地域的信息消费行为的对比分析更少。

20 世纪国内公开发表的关于信息消费的论文不足 100 篇，国内最早关于信息消费的论文是李超平(1993)，对情报消费的结构和情报消费行为中用户的普遍心理进行了讨论①。21 世纪以来，国内关于信息消费的理论文献虽然表现出逐渐增长的态势，但每年公开发表的论文也不足 100 篇。自 2013 年 8 月份国务院发布《关于促进信息消费扩大内需的若干意见》之后，国内关于“信息消费”的研究这两年呈几何级数增长，2012 年的研究文献仅 89 篇，2012 年以前每年的研究文献都不足 80 篇，2013 年暴增至 716 篇，2014 年则达到 888 篇。相关文献以期刊、会议论文为主，学位论文数量极少，其中硕士学位论文有 46 篇，博士学位论文仅 3 篇。这说明国内关于“信息消费”的研究还不够系统、深入，没有形成体系。

国内对信息消费的研究重实践、轻理论。谢阳群、储节旺(2006)通过对安徽大学在校生网上信息消费行为的调查结果的分析，论述了大学生网上信息消费的现状和存在的主要问题，并提出了解决的具体对策②；胡琪君(2007)提出信息消费异化是信息社会中亟待解决的一个重大的理论和现实问题，通过信息创造能消除信息消费异化，使信息消费复归③；汪景梁等(2008)针对高校信息消费现状，构建高校学生信息消费水平评价指标体系，并运用层

① 李超平．论情报消费[J]．情报理论与实践，1993，05：21-22，10.

② 谢阳群，储节旺．大学生网上信息消费行为研究——安徽大学在校生网上信息消费行为调查[J]．现代情报，2006，01：223-225.

③ 胡琪君．论信息消费异化、信息创造与信息消费复归[J]．图书馆理论与实践，2007，03：40-42.

次分析法和模糊数学评判法相结合，对高校学生信息消费水平进行实证研究①；郑英隆(2009)针对我国城乡居民信息消费结构差异，对居民消费支出构成、城乡消费差异、地区消费差异进行了详细分析，将影响居民信息消费成长的因素梳理成外在因素和内在因素两部分来分析②；马哲明等(2009)通过对定量研究数据进行趋势分析，构建居民信息消费与收入的关系模型，应用定量研究方法，分析居民信息消费与收入之间的关系③；杜梾(2010)从信息消费水平、信息消费结构、信息消费条件三个方面对江苏省城乡居民信息消费在逐步提升过程中出现的一系列差异进行分析，找出影响这些差异的因素，进而提出促进江苏城乡信息消费协调发展的对策建议④；叶元龄等(2012)通过聚类分析工具，对农村居民信息消费相关指标进行比较分析⑤；汪卫霞等(2012)在对 1992—2010 年居民信息消费实物量变化进行考量的基础上，运用 ELES 模型对我国城镇居民信息消费结构区域差异进行了实证分析⑥；王英(2012)概述了我国人口结构的变化情况，在阐述我国居民信息消费发展现状的基础上，分析制约信息消费发展的新问题和新人口结构下信息消费政策的需求，研究了人口结构变化对信息消费政策的影响⑦；郑英隆(2013)从信息内容消费的本来意义出发，针对信息消费主

---

① 汪景梁，王叶冰．高校学生信息消费水平评价指标体系及实证研究[J]．情报科学，2008，01：69-72.

② 郑英隆，王勇．我国居民信息消费差异成长的影响因素研究[J]．广东商学院学报，2009，01：61-67.

③ 马哲明，靖继鹏．我国城镇居民信息消费与收入关系研究[J]．图书情报工作，2009，20：98-101.

④ 杜梾．江苏省城乡居民信息消费差异及影响因素分析[J]．情报杂志，2010，S2：127-129.

⑤ 叶元龄，赖茂生．我国农村居民信息消费需求的区域比较[J]．情报杂志，2012，05：144-149，160.

⑥ 汪卫霞，汪雷．我国城镇居民信息消费结构区域差异性分析[J]．情报理论与实践，2012，11：104-108.

⑦ 王英．我国人口结构变化对信息消费政策的影响[J]．图书情报知识，2012，06：26-31，67.

体的内生性特征，深入研究了城乡之间信息消费的主体、消费目的、结构差异、性质特点、行为模式等问题①；郑英隆(2014)基于人力资本理论，构建了信息消费的内外在逻辑关系——外界信息刺激主体内在需要，主体提出创新、交换信息的要求并转化为消费者行为，并分析了居民信息消费的内生增长机制：居民知识增长机制和居民劳动收入增长机制，结合国情实际构建我国居民信息消费的内生增长机制②；崔海燕(2014)利用1997—2011年我国26个省(自治区)的农村居民和城镇居民的家庭收支调查数据，在构建省级动态面板数据模型的基础上，运用系统广义矩估计方法对农村居民的信息消费行为进行了实证分析③；石志恒等(2017)基于542份农户抽样调查数据，从消费行为的视角利用探索性因子分析方法对样本农户的农业信息消费能力进行测度和判定，进而从个人及家庭特征、当地信息化基础环境条件、农户对农业信息化重要性的认知情况和农业经营现状等四个方面，运用多分类有序Logit模型对样本农户农业信息消费能力的影响因素进行了回归分析。④ 朱萍、董玲(2003)⑤，邓胜利、况能富(2005)⑥，汪卫霞(2010)⑦，刘晨

① 郑英隆．基于发展方式转变的我国城乡居民信息消费差异研究述评(2006—2011)[J]．图书馆论 坛，2013，02：17-25.

② 郑英隆，田莎莎．基于人力资本理论的信息消费内生增长战略研究[J]．福建论坛(人文社会科学版)，2014，05：34-39.

③ 崔海燕．习惯形成对我国农村居民信息消费的影响[J]．情报科学，2014，03：76-80.

④ 石志恒，晋荣荣，孙鹏飞，秦来寿．消费行为视角下农户农业信息消费能力及影响因素研究——以甘肃省为例[J]．信息资源管理学报，2017，04：75-78.

⑤ 朱萍，董玲．虚拟信息消费模式论析[J]．图书馆理论与实践，2003，06：52-53.

⑥ 邓胜利，况能富．企业信息消费满意度分析与评价[J]．情报科学，2005，10：121-125.

⑦ 汪卫霞．我国居民信息消费核算及其特征分析[J]．情报理论与实践，2010，08：47-51.

延(2012)①，马哲明(2012)②，王秋文、郑建明(2012)③，罗裕梅、凌鸿(2014)④，陆浩东(2014)⑤，武翰涛(2018)⑥等学者从不同角度也对信息消费行为进行了实证分析。

国内学者对信息消费理论的研究以文献综述为主。沈小玲(2006)在梳理国内有关信息消费论著的基础上，从经济学视角探讨了信息消费的概念、内涵，归纳了信息消费的六个特点，并简述了信息消费的三个结构要素，即信息消费研究对象——信息消费者、信息消费品、信息消费环境⑦；马哲明、唐挺(2006)通过对“中国期刊全文数据库”检索所获得的数据进行分析，对我国目前研究信息消费论文及其作者状况进行了研究⑧；黎婷、刘勇(2007)试从国内外学术界对信息消费的界定出发，提出自己的看法，力求对信息消费能够得到一种更为全面的界定⑨；马哲明、靖继鹏(2007)从信息消费研究的起源、信息消费概念、信息消费理论研究、信息消费监督评价及信息消费者权益保护、信息消费影响因素及环境，信息消费实证研究六个角度回顾分析了有关信息消费

① 刘晨延．我国信息消费有效需求不足的原因及对策[J]．新视野，2012，02：48-51.

② 马哲明．信息消费机制研究[J]．情报科学，2012，12：1795-1798.

③ 王秋文，郑建明．Web 2.0 环境下网络信息消费行为模式研究[J]．新世纪图书馆，2012，05：23-26.

④ 罗裕梅，凌鸿．我国网络信息消费中信息鸿沟的数字化解读[J]．社会科学，2014，01：53-63.

⑤ 陆浩东．基于本体的用户信息消费效益研究[J]．图书馆学刊，2014，12：26-31.

⑥ 武翰涛．大数据时代信息消费行为的演变[J]．经济研究导刊，2018，13：129-133，149.

⑦ 沈小玲．关于信息消费的理论探讨[J]．图书情报知识，2006，05：81-84.

⑧ 马哲明，唐挺．我国信息消费学术论文及其作者状况分析[J]．情报科学，2006，05：772-776.

⑨ 黎婷，刘勇．信息消费界定评述与研究[J]．图书馆理论与实践，2007，01：56-58.

的研究状况，并对我国目前信息消费研究现状进行了分析①；李旭辉、李超、魏瑞斌(2014)依据南京大学CSSCI评价中心的被引文献数据库，对被CSSCI(2001-2011)来源文献引用的信息消费研究论文从被引文献的年代分布、类型、期刊分布、语种分布、主题分布、作者单位、核心著者与单篇被引等方面进行信息消费文献计量分析，从而揭示了国内信息消费研究的主要特征和现状②；等等。沙勇忠、高海洋(2001)③，郑英隆(2008)④，李款贞(2008)⑤，蔡东伟(2009)⑥，沈小玲(2012)⑦，何猛、闫强(2014)⑧，刘元洪(2014)⑨，朝乐门(2015)⑩，刘雪艳、齐捷、王在宇(2016)⑪等学者也都从信息消费的概念、内涵、特点等方面进行了理论研究。

---

① 马哲明，靖继鹏．国内信息消费研究综述[J]．情报科学，2007，03：471-475，480.

② 李旭辉，李超，魏瑞斌．基于CSSCI的信息消费被引文献计量研究[J]．图书馆工作与研究，2014，04：104-108.

③ 沙勇忠，高海洋．关于信息消费的几个理论问题[J]．图书情报工作，2001，05：28-31，79.

④ 郑英隆．入世以来我国信息消费研究的新进展[J]．湘潭大学学报(哲学社会科学版)，2008，06：64-69.

⑤ 李款贞．论信息社会的特色消费——信息消费[J]．图书馆学研究，2008，05：95-97.

⑥ 蔡东伟．信息消费生态位研究初探[J]．情报杂志，2009，08：196-199.

⑦ 沈小玲．引入时间约束的信息消费理论模型分析[J]．情报科学，2012，03：395-400.

⑧ 何猛，闫强．大数据时代的信息消费内涵分析[J]．北京邮电大学学报(社会科学版)，2014，04：40-45.

⑨ 刘元洪．国内信息消费研究的热点主题探析——基于文献计量与社会网络分析[J]．西南民族大学学报(人文社会科学版)，2014，03：220-225.

⑩ 朝乐门．信息消费的特征分析[J]．情报理论与实践，2015，12：15-19.

⑪ 刘雪艳，齐捷，王在宇．新兴信息消费内涵界定及特征分析[J]．情报理论与实践，2016，11：61-67.

我国不少学者对不同用户群体的信息消费影响因素进行了分析研究。沈小玲(2006)界定了信息商品及其服务的内涵，围绕信息商品及服务客体因素，从满足信息需求的效用价值论出发，论述了信息商品及其服务的质量、价格、替代品及本身固有的非消耗性与共享性等因素对信息消费的影响①；胡琪君(2007)在分析信息消费主体能力、信息消费客体质量和信息消费环境这三要素制约信息消费力提升的基础上，提出了建立信息消费力量化指标体系的原则与内容②；韩永青(2008)基于对国内信息消费论文的分析，提出影响用户信息消费三个层次的因素，通过对影响因素分析，借鉴消费者计划行为理论，构建用户信息消费 TPB 模型，试图揭示用户信息消费行为模式、相对完整的影响因素及其之间的关系③；肖艳、马哲明(2009)从消费主体的信息搜寻成本、信息素质状况、消费习惯、消费的示范效应以及支付能力等五个因素，阐释了信息消费主体对信息消费的影响④；黄志文(2010)选用我国 1995—2009 年全国农村经济、农村人力资源及农村信息化相关数据，运用主成分分析法和相关分析法分析农村信息消费的影响因子⑤；邓碧侠(2012)介绍了信息消费的特征和信息消费的 3 个构成要素，在此基础上分析了信息消费实现过程中各要素的关系，提出了提升信息消费水平的对策⑥；李明杰、闫强(2014)从大数据与信息消费的关系入手，从主客体方面分析大数据对信息消费的影响，进而

---

① 沈小玲．论影响信息消费的商品及服务因素——以网络信息商品及其服务为例[J]．情报理论与实践，2006，06：702-705.

② 胡琪君．信息消费力的制约因素和指标体系分析[J]．大学图书情报学刊，2007，01：9-13.

③ 韩永青．用户信息消费的 TPB 模型及分析[J]．图书情报工作，2008，04：32-34，92.

④ 肖艳，马哲明．消费主体对信息消费的影响分析[J]．情报科学，2009，07：992-994，997.

⑤ 黄志文．论农村信息消费的影响因子[J]．科技情报开发与经济，2010，23：116-118.

⑥ 邓碧侠．信息消费的影响因素研究[J]．情报探索，2012，02：30-32.

结合实例，分析大数据在信息消费中的应用，最后总结出大数据在信息消费中的应用规律①；李婵娟、王子敏、马万里(2017)基于2000—2015年省级面板数据，测算农村信息消费省际差异的演变，运用Shapley值分解法考察各影响因素对信息消费省际差距的贡献程度；等等②。卢小宾(2002)③，沈小玲(2008)④，段尧清、徐希(2009)⑤，白天(2010)⑥，王林林等(2010)⑦⑧，马哲明、李永和(2011)⑨，陈立梅、刘冬辉、黄卫东(2013)⑩，常亚平、董学兵(2014)⑪，张肃(2017)⑫等也对信息消费的特征、差异及影响因素进行了分析研究。

---

① 李明杰，闫强．大数据在信息消费中的应用分析[J]．北京邮电大学学报(社会科学版)，2014，02：58-63.

② 李婵娟，王子敏，马万里．农村居民信息消费省际差异的影响因素与贡献测度——基于Shapley值过程的实证分析[J]．情报科学，2017，08：146-152.

③ 卢小宾．信息消费动力及其行为分析[J]．情报资料工作，2002，03：13-15.

④ 沈小玲．影响信息消费的主体因素分析[J]．情报理论与实践，2008，06：849-853.

⑤ 段尧清，徐希．强制信息消费的主客体行为分析[J]．情报科学，2009，07：998-1000，1099.

⑥ 白天．网络信息消费的制约因素及对策分析[J]．生产力研究，2010，06：175-176.

⑦ 王林林，黄卫东．中国城镇居民信息消费结构研究[J]．现代情报，2010，11：8-11.

⑧ 王林林，黄卫东，仲伟俊．中国城镇居民信息消费差异性研究[J]．情报科学，2010，09：1392-1396.

⑨ 马哲明，李永和．我国农村居民信息消费与其收入关系研究[J]．情报科学，2011，11：1701-1704.

⑩ 陈立梅，刘冬辉，黄卫东．中国农村居民信息消费的差异分析——基于恩格尔系数视角[J]．图书馆理论与实践，2013，12：34-37.

⑪ 常亚平，董学兵．虚拟社区消费信息内容特性对信息分享行为的影响研究[J]．情报杂志，2014，01：201-207，200.

⑫ 张肃．我国农村居民信息消费影响因素研究[J]．商业研究，2017，07：184-192.

部分学者比较关注信息消费对我国政治、经济、文化等产生的影响。陈晓(2007)分析了现代信息技术发展对大学生网络信息消费的促进作用，概括了大学生网络信息消费的特点，并分析大学生网络信息消费所带来的积极效应和负面效应①；娄策群、王颖(2009)在论述文娱类②、知识类③信息消费边际效用相关理论的基础上，论述信息消费边际效用变化的基本规律，分析不同认知水平消费者信息消费边际效用的差异；范哲(2012)④将用户使用社会化媒体的信息生产与信息消费行为过程与信息素养研究内容结合，构建出社会化媒体情境中的信息素养研究内容框架；杨春立(2014)深入分析了我国信息消费结构变动的趋势、规律和发展特征，通过对比分析2010年以来我国信息消费规模及消费总支出的增长、居民消费支出和居民收入的增长，揭示了我国信息消费的发展特征⑤；赵付春(2014)通过信息消费的概念和分类进行分析，提出其对经济的六大积极效应，即替代效应、收入效应、赋能效应、创新效应、平台效应和风险规避效应，同时避免在隐私保护、知识产权保护、劳动力替代三个方面的消极影响⑥；钟玲玲、徐春燕、王战平(2016)基于2002—2015年我国信息消费水平的样本数据，通过EViews软件对信息消费促进经济增长的作用进行了实证分析，得出信息消费水平的增长对GDP增长的作用强度，并利用

---

① 陈晓．浅析大学生网络信息消费的正负效应[J]．图书馆学研究，2007，02：95-98.

② 娄策群，王颖．文娱类信息消费的边际效用分析[J]．情报科学，2009，05：754-757，782.

③ 娄策群，王颖．知识类信息消费的边际效用分析[J]．图书情报工作，2009，06：126-129.

④ 范哲．社会化媒体情境中信息素养的内容框架研究[J]．情报杂志，2012(10)：170-174.

⑤ 杨春立．信息消费：拉动内需增长的重大领域——信息消费发展特征及政策建议[J]．中国科学院院刊，2014，02：223-230.

⑥ 赵付春．我国信息消费构成、影响和发展重点研究[J]．社会科学，2014，01：64-73.

格兰杰因果关系检验，得出信息消费与信息产业发展的内生增长关系。① 沙勇忠、刘焕成(2001)②，卢小宾、张蕊(2002)③，程孝良等人(2009)④，杜娟(2010)⑤，张雄(2011)⑥，王恒玉(2013)⑦，谢赟(2013)⑧，陆浩东(2014)⑨，胡胜男、乔姗姗(2017)⑩等从影响网络信息消费的因素等方面进行了大量的研究。

国内学者在网络信息消费相关领域探讨了消费忠诚、网络道德、消费者隐私权保护等问题，部分学者还分析了大学生网络信息消费的特点以及高校图书馆信息服务的作用。董明霞(2009)详细分析了我国网络信息消费存在的诸多问题及危害，如盗版软件、恶意软件、色情信息、网络诈骗、隐私泄露、虚拟财产被盗等⑪；王秋文(2011)以CNNIC发布的统计数据为基础，分析了目前我国网

---

① 钟玲玲，徐春燕，王战平．2002—2015年我国信息消费对经济增长促进作用的实证研究[J]．情报科学，2016，11：80-85.

② 沙勇忠，刘焕成．信息环境演化对信息消费的影响[J]．情报科学，2001，12：1310-1313.

③ 卢小宾，张蕊．信息消费对我国信息产业发展的影响研究[J]．图书情报工作，2002，11：8-12.

④ 程孝良等．手机图书馆信息传播模式与媒介影响的探讨[J]．图书情报工作，2009(08)：34-37.

⑤ 杜娟．中美高校大学生网络学术信息消费主体的比较研究[J]．情报理论与实践，2010，02：36-40.

⑥ 张雄．网民的信息消费行为习惯及其对网络信息传播的影响分析[J]．北京工业职业技术学院学报，2011，04：90-93.

⑦ 王恒玉．少数民族地区农业信息消费的特殊性与制度有效性研究[J]．黑龙江社会科学，2013，04：71-74.

⑧ 谢赟．大学生网络信息消费水平观察[J]．北方经济，2013，08：31-32，53.

⑨ 陆浩东．信息化视角下的用户信息消费机制及效益研究[J]．图书馆学研究，2014，16：69-74.

⑩ 胡胜男，乔姗姗．武陵山贫困片区农村居民信息消费现状及其能力提升策略[J]．图书馆论坛，2017，09：33-39.

⑪ 董明霞．我国网络信息消费存在的几大问题[J]．图书馆理论与实践，2009，09：41-42.

络信息资源消费的情况，从网络信息消费的概念、消费产品、消费结构和消费水平等几个方面分别进行了讨论①；黄洁(2011)针对企业在学习、科研、生产、管理、销售等信息消费中存在的诸多知识产权问题②，结合信息消费与知识产权制度之间的作用机制③，提出通过熟悉知识产权法律环境、完善产权检索制度、实施知识产权战略、善用知识产权服务机构等途径来优化企业的信息消费；黄冬兰(2012)提出通过大学生的自我养成和外部塑型等途径，遵循无害原则、适度原则及自我发展原则，用道德的力量引导网络信息消费，构建和谐的大学生网络信息消费道德观④；郑毅(2014)分析了我国个人信息安全保护法律现状和存在的问题，提出必须通过立法强化对个人信息安全的保护，完善个人信息受害人的救济保障⑤；魏晓燕(2017)针对网络信息消费滋生出的诸多道德失范的乱象，如搜索引擎中的信息误导和数据滥用、网络新闻消费中的肤浅浮躁、社交媒体中的虚假信息和垃圾信息的传播等，提出从培育每一个信息消费参与者的责任意识入手，提升信息消费主体的信息素养，厘清信息消费服务提供者和内容生产者追求盈利和承担社会责任的边界，构建一个风清气正的网络共同体环境⑥；等等。

此外，国内相关组织还经常开展信息消费方面的博览会、研讨会。由中国信息协会主办的《2014年中国国际信息消费博览会》(China International Information Consumption Expo 2014)于2014年5

---

① 王秋文．关于网络信息资源消费若干问题的分析[J]．现代情报，2011，06：162-165.

② 黄洁．我国企业信息消费中的知识产权问题研究[J]．情报资料工作，2011，03：54-56.

③ 黄洁．企业知识产权信息消费优化策略研究[J]．情报理论与实践，2011，07：49-51.

④ 黄冬兰．大学生网络信息消费道德观的构建[J]．龙岩学院学报，2012，06：69-73.

⑤ 郑毅．信息消费时代个人信息安全的法律保护[J]．郑州大学学报(哲学社会科学版)，2014，04：54-57.

⑥ 魏晓燕．信息消费的伦理困境及其应对路径[J]．江苏社会科学，2017，05：143-149.

月15—17日成功召开,《2017年上海国际信息消费博览会》于2017年6月28—30日在上海新国际博览中心E3馆举行,全球众多的信息产品生产公司和服务商赶来参会,对外公布了他们在信息消费产业方面的技术发明,并探讨了最前沿的国际信息消费产业发展趋势和市场动态;由中国互联网协会主办的"中国互联网信息消费论坛",每年一届,已经连续举办了十六届,2017年由中国商业电讯协办,论坛以"促进信息消费制度建立,推进网络金融规范发展"为主题,会议围绕技术和市场发展的新趋势,广泛交流了产业发展与技术创新的辩证关系,研讨了下一代互联网技术的信息安全和发展前景。

(3)关于移动消费的研究。

相比较而言,国内关于移动消费的研究更多是应用于旅游、通信、技术等领域,主要偏重于技术方面的研究。

在CNKI以"移动消费"作为关键词进行检索,收录期刊论文37篇,硕士论文4篇,无博士论文。期刊论文中除徐润森(2004)①、王林林(2004)②、刘博(2010)③这3篇是对移动通信消费现状与趋势的评述,1篇是从消费者行为研究的角度分析移动社会网络服务推荐互惠动机④(肖怀云、梅姝娥,2013),其他33篇都是关于移动通信技术(刘海梅,2003;庞会荣,2005;诸葛琼,2008;徐俊毅,2010;于博,2010;于浩,2013)以及移动增值业务方面(李玲等,2006;梁志强,2008;李思,2010;万黎2011)的论述,而关于信息消费的论文只有1篇,杨梦晴、王晰巍、相甍甍、李嘉兴等(2017)从信息生态因子视角入手,对移动环境下用户信息消费

① 王林林,徐润森.高校移动市场开发招术[J].通信企业管理,2004,02:23-24.

② 王林林.移动通信消费者消费行为分析[J].移动通信,2004,Z1:175-177.

③ 约翰·荷里甘,刘博.美国全民移动上网时代已经来临[J].国外社会科学,2010(02):159.

④ 肖怀云,梅姝娥.基于互惠偏好的移动社会网络消费者推荐行为机制研究[J].软科学,2013,11:140-144.

中的信息共享行为进行分析①。在重庆维普数据库系统中查找到一篇文章《中国，了解移动消费者》，来自 Google 出具的一份调查数据报告，其他文献也都是关于移动设备、移动通信、移动电子商务等方面的研究。

国内关于移动消费的研究已经开始有相关成果出现，但是学者的研究重点集中在对移动消费的概念性介绍、移动终端设备技术分析、移动终端的市场前景以及盈利模式等方面，真正从用户角度出发来研究移动消费者对信息内容的需求和行为的文献还非常少，该领域的研究也还几乎处于空白阶段。

此外，移动阅读、移动消费、手机支付是近几年出现的新名词，国内学者们已经开始关注移动信息消费、手机信息消费和移动互联网信息消费等方面的理论。关于"手机 & 信息消费"的文章绝大部分都发表在报纸上，主要讲述手机信息消费陷阱、流量、投诉等实践性问题，还缺乏理论深度。

(4)关于移动图书馆的研究。

国内关于"移动图书馆"的论述最早见于 2002 年，但当时的"移动图书馆"也称为"流动图书馆"，而非移动网络环境下的图书馆服务。从 2010 年开始，移动互联网进入我们的生活，赵丽萍(2010)②、宋恩梅、袁琳(2010)③、姜海峰(2010)④等人开始对移动图书馆的兴起与发展进行探索研究。

近几年随着移动互联网技术的完善和智能终端的普及，相关研究文献呈加速发展趋势。刘小景(2011)在分析泛在图书馆内涵的

① 杨梦晴，王晰巍，相甍甍，李嘉兴．移动消费用户情境信息共享行为影响因素实证研究——基于信息生态因子视角[J]．情报资料工作，2017，04：15-22.

② 赵丽萍．电子纸驱动下的移动数字图书馆[J]．图书情报工作，2010(03)：44-47.

③ 宋恩梅，袁琳．移动的书海：国内移动图书馆现状及发展趋势[J]．中国图书馆学报，2010(05)：34-48.

④ 姜海峰．移动图书馆的兴起与解决方案[J]．大学图书馆学报，2010(06)：12-15.

基础上，对当前移动信息服务的现状与问题进行了分析，重点对如何解决存在的这些问题与提高移动信息服务质量进行了分析①；郑成铭等(2011)通过对以内容管理系统为框架的移动图书馆服务平台各个模块的设计，实现各种服务、系统和数据的集成，提出对平台网站用户模型、服务流程和知识社区的设计方案，为用户在平台内建立新型人际交流机制②；茆意宏(2012)通过分类、分层随机抽样的方式，对全国大城市图书馆用户移动信息服务需求进行调查分析，进而提出了图书馆移动信息服务的内容模式、技术模式和服务策略③；魏群义等(2013)以 985 高校图书馆和省级公共图书馆为调研对象，从服务模式、业务功能、服务对象、推广模式、平台开发方式等方面，分析了当前我国移动图书馆应用和发展现状④；蒋晓艳(2013)通过对移动图书馆发展现状的研究，从软件与硬件的维度出发，探讨了移动图书馆的用户需求，继而根据当前国内外的移动图书馆建设情况⑤；陈锦波(2013)提出图书馆利用要利用微信广泛的用户群、功能强大、发展空间潜力大和成本低廉等优势，向用户推送信息资源，以实现用户获取图书馆信息资源的时效性、便捷性，满足用户个性化信息需求⑥；孙革非(2014)对我国移动

---

① 刘小景．泛在图书馆理念下的图书馆移动信息服务研究[J]．图书与情报，2011(04)：72-74.

② 郑成铭，詹庆东．基于内容管理的移动图书馆服务平台构建[J]．情报理论与实践，2011，05：105-109.

③ 茆意宏．面向用户需求的图书馆移动信息服务[J]．中国图书馆学报，2012(01)：76-86.

④ 魏群义，侯桂楠，霍然，黄娟．国内移动图书馆应用与发展现状研究——以“985”高校和省级公共图书馆为调研对象[J]．图书馆，2013(01)：114-117.

⑤ 蒋晓艳．以用户需求为导向的图书馆移动信息服务建设[J]．图书馆学刊，2013(10)：87-89.

⑥ 陈锦波．基于微信的图书馆信息资源推送研究[J]．四川图书馆学报，2013(04)：7-10.

图书馆发展现状、服务模式以及制约因素进行分析①；过仕明、梁欣(2014)从服务模式种类、服务模式结构、服务功能、宣传推广方式、客户端资源建设等方面对国内移动图书馆服务模式的理论研究与实践现状进行调研，发现移动图书馆建设中所存在的普遍问题，提出未来我国移动图书馆服务模式将朝着全面化、层次化、人文化、科学化的方向发展②；施国洪、夏前龙(2014)将国内外移动图书馆研究的文献可划分为三类：服务模式研究、对象要素研究和综述评介研究，对该领域研究面临的问题进行了深入评析③；黄思玉(2014)分析了3G的技术特点，探讨了在资源建设、技术支持和用户服务方面构建3G时代的移动图书馆服务平台的有关问题④；邓李君、杨文建(2014)从用户需求、服务项目、技术实现、服务能力四个方面综合考虑移动图书馆服务定位，图书馆应当充分发挥移动图书馆技术融合、资源整合、移动服务、多元合作、线上线下服务的多种平台功能，实现移动图书馆服务的社会化⑤；江波、覃燕梅(2014)从系统架构、读者覆盖率、服务主动性、服务多样性、读者交互性、建设维护成本、日常服务成本等方面对我国移动图书馆五种主要服务模式，包括短信、彩信、网站、App客户端和微信进行比较研究，发现各有优点和缺点⑥；明均仁(2014)通过文献分析方法对国内移动图书馆的理论研究现状、研究主题及其研究趋

① 孙革非．我国移动图书馆的现状、服务模式与发展对策研究[J]．大学图书情报学刊，2014(01)：32-36.

② 过仕明，梁欣．国内移动图书馆服务模式发展现状与趋势调研[J]．大学图书馆学报，2014(01)：90-96.

③ 施国洪，夏前龙．移动图书馆研究回顾与展望[J]．中国图书馆学报，2014(02)：78-91.

④ 黄思玉．3G时代移动图书馆服务平台的构建及发展趋势研究[J]．四川图书馆学报，2014(02)：25-29.

⑤ 邓李君，杨文建．基于移动图书馆发展影响因素的平台功能分析[J]．情报资料工作，2014(02)：95-98.

⑥ 江波，覃燕梅．我国移动图书馆五种主要服务模式的比较研究[J]．图书馆论坛，2014(02)：59-62，89.

势、基金项目和相关会议情况进行分析和讨论，对国内移动图书馆的普及现状与实践进展进行综述与分析，最后在总结国内移动图书馆在理论研究与实践应用的基础上，对移动图书馆在我国未来的发展作了讨论①。陈文文、李燕、周欢等人（2015）②，陈鹤阳（2016）③，施国洪、赵庆（2017）④等从如何提高移动图书馆的服务质量方面进行了理论和实证研究。

总体上看，关于数字信息资源移动消费方面的相关理论，国内外可以参考和借鉴的理论文献数量还不是很多，而且还没有发展成为系统的理论知识体系。就像学者对于消费行为的研究过程所经历的一样，现阶段学者们对移动消费的研究还处于初期阶段，而基于数字信息资源的移动消费却还停留在技术研讨阶段，需要进行理论研究来丰富其理论体系。因此，随着智能手机等移动终端越来越普及，移动消费逐渐成为信息消费关注重点，运用消费行为理论对数字信息移动消费进行理论探讨，甚为必要。

我国目前信息消费水平不仅是与美国等西方发达国家和新兴工业国家的差距巨大，而且城市与城市之间、城市与乡村之间、地区与地区之间都普遍突显出差异化。相关机构预测，到 2020 年我国手机用户将超过 15 亿户，数据业务量将达到现在的 1000 倍甚至更多；未来 5 年，全球移动数据流量将增长约 26 倍。⑤ 目前，全球有约 16.6 亿用户使用移动端进行网购，而中国网购人群中使用过

① 明均仁．国内移动图书馆理论研究与实践应用综述[J]．新世纪图书馆，2014(02)：84-87，96.

② 陈文文，李燕，周欢．微信环境下高校移动图书馆信息服务的创新[J]．图书馆建设，2015(05)：80-83.

③ 陈鹤阳．国内外移动图书馆用户行为研究综述[J]．图书情报工作，2016(22)：135-144.

④ 施国洪，赵庆．高校移动图书馆服务质量影响因素分析[J]．图书馆杂志，2017(01)：50-58.

⑤ 周丽燕，任姣姣．4G 开启移动互联网信息消费“盛宴”[N]．人民政协报，2014-06-05(12).

移动设备进行网购的用户占到88%，全球排名第一。① 用户信息消费能力的增长将会导致信息过载、网络盗版和侵权等问题也越来越严重，信息内容的层次结构越来越多，加强用户的信息素养和信息意识教育也变得十分必要。

1.3 研究目标与内容

1.3.1 研究目标

本书通过对消费行为相关理论的梳理，对数字信息资源移动消费者开展问卷调查方式，从新的视角对数字信息资源的移动消费、用户行为展开相关研究。主要有以下的研究目的：

首先，将情报学与经济学、心理学、社会学、组织行为学等学科有机结合起来，把数字信息资源移动消费应用实践和情报学理论联系起来，借用不同学科的相关理论研究成果，从不同的侧面来展开深入研究，符合当今实际和研究热点，符合国务院发布的《关于促进信息消费扩大内需的若干意见》中"鼓励智能终端产品创新发展"的要求，为挖掘和释放消费潜力、加快推动信息消费持续增长提供有力的实践指导。

其次，把数字信息资源移动消费和台式电脑数字信息资源消费进行对比研究，揭示出数字信息资源移动消费的新特征和新规律，可以一定程度上缓解国内信息消费理论研究跟不上科技进步的脚步的严峻现实问题，而且通过理论的突破来为实践的发展提供更为广泛与深刻的解释与指引，为互联网信息内容提供商提升信息产品、服务、内容的有效供给水平提供有效的行动依据。

再次，从个体因素、情境因素和效能因素三方面系统分析数字信息资源移动消费行为的影响因素，对数字信息资源移动消费行为

① 中国国际电子商务中心研究院．2017年世界电子商务报告[EB/OL]．[2018-04-26]．http：//img. ec. com. cn/article/201804/1523353479115. pdf.

现状进行定量分析，对数字信息资源移动消费行为模式展开全面的阐述，进而发掘出对优化移动消费行为的新方法，为进一步拓宽学科视野、改善消费环境、研究数字信息资源移动消费可持续行为提供重要的理论参考。

1.3.2　研究内容

本书中的信息移动消费是指通过移动电子设备访问互联网各类网站、特色数据库、专业数据库等数字信息资源的消费活动。研究的内容主要包括以下四个方面(见图 1-3)：

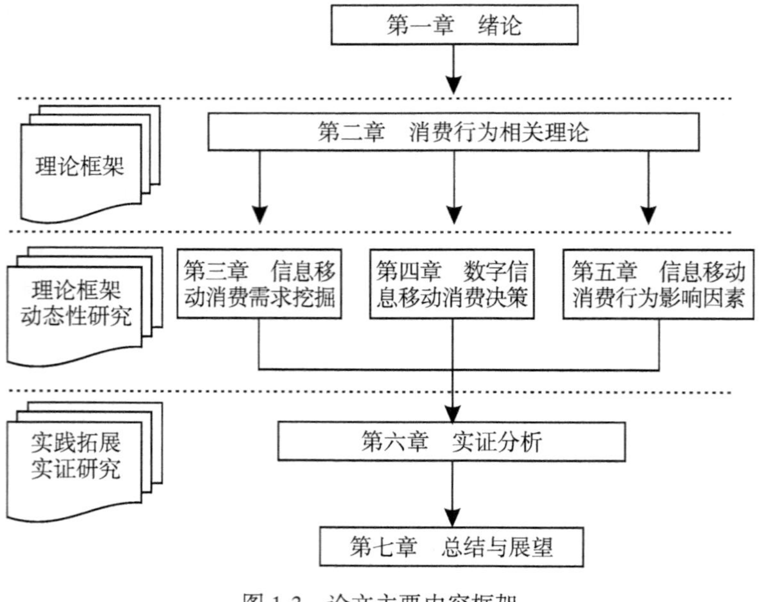

图 1-3　论文主要内容框架

数字信息资源移动消费理论研究。论文首先分析研究对象——数字信息移动消费的概念和行为过程，对数字信息移动消费的内涵进行界定，对数字信息资源移动消费和台式电脑数字信息资源消费行为进行对比，揭示数字信息资源移动消费的主体特征和行为特征。

数字信息资源移动消费需求分析。基于动机理论，结合数字信息资源移动消费现状，探讨数字信息资源移动消费的关键需求、动机发现过程及需求层次，进而梳理数字信息资源移动消费行为的决策过程。

数字信息资源移动消费行为影响因素分析。相同的需求会产生不同的动机，消费者接受外界的信息刺激，经由黑箱处理之后，产生消费动机，进而采取消费行为。采用调查问卷进行实证研究，利用 SPSS 和 Lisrel 统计软件，分析了影响数字信息资源移动消费的个人因素、情境因素和效能因素，探索各种心理和行为因素与数字信息移动消费行为之间的影响关系。

数字信息资源移动消费行为案例分析。在理论归纳性分析基础上进行实践定量分析，以超星移动图书馆建设情况为例，从用户需求、使用情况、影响因素等方面进行分析，进一步打造移动图书馆服务特色。

1.4 研究方法与思路

1.4.1 研究方法

本书拟采取规范分析与实证研究相结合的方法进行研究。规范分析为问题的提出、模型的构建提供理论基础；实证研究则通过调查数据对影响数字信息资源移动消费行为的因素进行验证，为分析问题、解决问题提供依据。因此主要采取的研究方法是：

(1)文献归纳法：利用各种文献检索工具和网络信息收集方法等，收集并阅读国内外大量的相关著作、论文，对研究文献进行内容分析，对消费行为的相关理论和文献进行梳理和评述，充分利用关键的基本理论、分析工具的已有成果，并不断跟踪新信息、新动态。

(2)调查与访谈法：在以上理论研究的基础之上设计调查问卷，对部分移动图书馆用户进行访谈，对数字信息资源移动消费行为影响因素进行调研，并通过调查与访谈结果了解数字信息资源移动消费现状和存在的问题。

(3)定量研究法：将定量研究与定性研究相结合，通过调查数据相关性分析，对影响数字信息资源移动消费行为的因素进行建模和验证。

(4)案例分析法：重视案例研究和调查研究相结合的方法，以超星移动图书馆服务平台为例，从用户需求、使用情况、影响因素等方面进行分析，进一步打造移动图书馆服务特色。

(5)理论总结：理论是由研究结果验证和修订的。在前面研究的基础上对移动环境下影响消费者信息行为的主要因素进行发现和总结，为进一步优化移动消费行为和改进互联网移动信息内容提供商服务水平提供决策依据。

1.4.2　研究思路

本书的研究步骤共分为五步：第一步是通过查阅大量相关理论文献，了解相关理论研究成果和国内外研究现状，对消费行为理论、信息消费理论进行了阐述，对数字信息移动消费内涵进行了界定，对数字信息资源移动消费和台式电脑数字信息资源消费行为进行对比，揭示数字信息资源移动消费的主体特征和行为特征。第二步是对数字信息移动消费行为过程的探讨，通过对数字信息移动消费的需求—动机、决策过程、价值评价进行系统分析，分析了影响数字信息资源移动消费的个人因素、情境因素和效能因素。第三步是根据影响因素设计调查问卷，对数字信息资源移动消费行为进行调查。第四步是发放和回收调查问卷，对调查问卷进行样本分析、统计和筛选。第五步是通过对移动消费现状和移动消费行为形成机理的研究，为进一步研究数字信息资源移动消费可持续行为策略提供参考。

具体思路如图 1-4 所示：

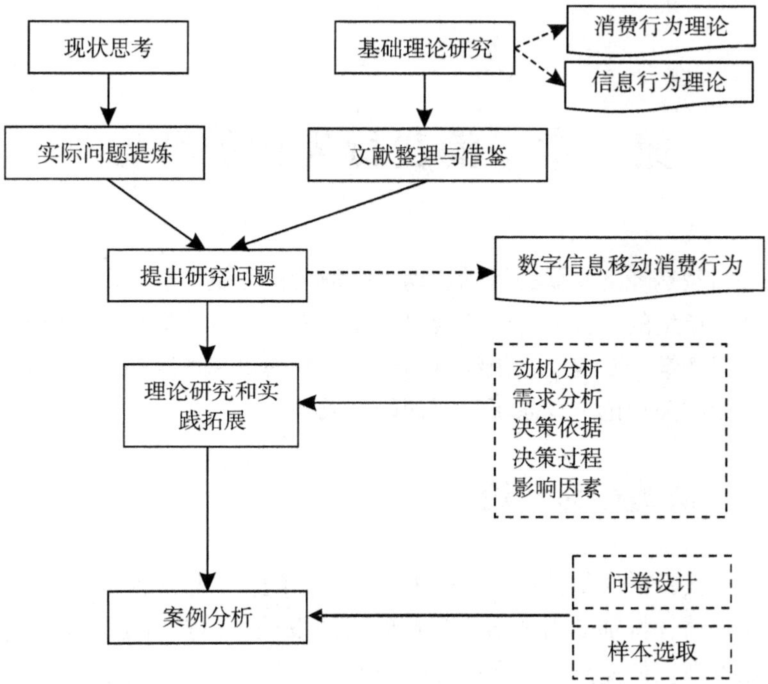
现状思考
基础理论研究
消费行为理论
信息行为理论
实际问题提炼
文献整理与借鉴
提出研究问题
数字信息移动消费行为
理论研究和实践拓展
动机分析
需求分析
决策依据
决策过程
影响因素
案例分析
问卷设计
样本选取

图 1-4 研究技术路线

第2章　消费行为相关理论

消费是经济发展的目的和动力，消费行为是伴随着商品经济的发展而产生的一种社会经济现象。国内外学者普遍继承和吸收心理学、经济学、营销学、组织行为学等学科的研究思路和技巧，在消费行为相关理论上积累了丰硕的研究成果。

2.1　消费行为理论

消费者群体是社会分工的细化和商品经济的形成而逐步壮大完善起来的，特别是当今第三产业的迅速发展，消费者更加多样化，无处不在，如信息消费和服务消费等。消费者行为是由个体消费者特性上升提炼出来的一种普遍的社会经济现象，在现代市场市场经济空前发展的背景下，对消费者和消费行为的把握直接影响到企业的营销策略和经济效益。

2.1.1　消费行为定义

消费是人们维持生存和发展、进行劳动力再生产的必要条件，也是人类社会最大、最普遍的经济现象和行为活动。① 广义的消费通常还包括企业消费和政府消费，本书仅从狭义的角度研究信息移动消费。

(1)消费者。

消费者是由社会群体中的人构成的，人按照性别会存在男女的

---

①　江林．消费者心理与行为[M]．第4版．北京：中国人民大学出版社，2011：1-2.

区分，按年龄有从老年到幼年的不同年龄段的人群，人还有生活的地域、受教育的程度以及民族和信仰的区别，这些都对人作为消费者的消费行为会产生不同程度的作用。人作为生活在社会中的生命体，不但具有作为自然人的个性特征，而且还具有作为社会人的共性特征，也正是这两个方面使人有了不同的消费需求和不同的消费习惯。消费者可以是个人，也可以是组织，本书研究的消费者只从个人角度出发，信息消费者等同于信息使用者。

人的个性是多方面的，有的好动，有的喜欢安静；有冲动型的，也有稳定型的。对产品的特性也表现出不同特点，如颜色，有的天生喜欢红色，有的天生就喜欢蓝色。人的个性有三个层次的特点：其一，个性特征体现出人的差异性，不同个性的人的兴趣、需求和愿望会有不同；其二，个性特征有一定的稳定性，人的个性不同，但也不会随意的改变，可以帮助营销人员很好的预测市场，制定相应的营销策略；其三，个性特征也是可以改变的，人的个性不可随意改变，但并不是永久不变，这给企业引导消费市场提供了可靠的依据。

(2)消费者的生活状态。

消费者在个人兴趣、活动方式上表现出各种生活状态和生活方式，也就形成不同消费方式来实现他们不同的人生追求。现在常用心理绘图的方法来分析消费者的不同的生活状态。心理绘图是一种市场细分的工具，是在消费者的性格倾向以及他们对市场产品态度的基础上综合心理和社会等因素来分析决定的。通过心理绘图，帮助企业通过修改营销策略来适应市场细分的不同需求。

(3)消费者与社会文化。

消费者生活在一定的社会中，社会会对消费者的行为产生一定的影响，社会文化就是社会影响消费者主要方式之一。文化是一个社会共同认可接受的约定俗成的习惯以及行为准则，这种习惯和行为准则又包涵着共同的信仰和价值观。信仰、价值观和行为规范是文化传承的核心内容，其中包涵了物质文化和精神文化两个方面。物质文化是我们可直接看到的，例如服饰、建筑、家具等，精神文化则带有一定的抽象因素，如宗教、政治等。东方文化和西方文化有着许多不同的东方，同在东方也有着不同的文化区别，如中国文化和印度文化的区别，中国汉族和少数民族的区别等。文化和消费是相互影响的关系，文化对消费者的影响有着不同的角度，当文化作为呼号出现时就不同程度地影响了人的消费消思维，例如，一个女士要买一辆小车的时候会考虑买一辆和她身份相匹配的小车，如果她是很成功的企业家，可能会考虑法拉利，如果是小生意人，很可能考虑实用的小面包车。企业营销人员可以不同文化人群来预测不同人群的习惯和消费行为，制定相应的营销策略。

(4)消费者与参照群体。

参照群体是消费者在接受信息到形成印象作出决策之前对其产生对照和参考的个人和人群。现实生活中的人都会和其他人群形成各种人际关系，他们之间相互交流，影响到消费者的消费习惯和行为。参照群体有直接参照群体和间接参照群体两大类，直接参照群体是直接对消费者的消费行为产生影响的人群，如同学，间接参照群体是没有直接交流，自身的影响力间接对消费者的购买行为产生了影响的人群，如球星和明星等。家庭也是参照群体的一个重要组成部分，家庭是社会中最基本的单元，但是一个关键的组织，父母的一些观念和审美趋向潜移默化对消费者产生了深刻的影响，为消费者是消费习惯打下了基础。参照群体通过直接提供信息来源、自身的行为规范以及对产品的认同三个方式来影响消费者。虽然参照群体影响力有强弱之分，但在企业营销上有着积极的广告效益和口碑意义，所有，在营销策划中充分考虑到参照群体对消费者的影响。

(5)消费行为。

消费行为，亦称消费者行为(consumer behavior)，不同的学者对其定义不同。威廉·L. 威尔基(William L. Wilkie)把消费行为定义为：当消费者为了满足其需求和欲望，而进行产品与服务的选择、采购、使用与处置，因而发生在内心、情绪以及实体上的活动。①

① Wilkie, William L., Edgar A. Pessemier. Issues in Marketing's Use of Multi-Attribute Attitude Models [J]. Journal of Marketing Research, 1973, 10 (11): 41-49.

罗纳德·A. 杜兰尼(Ronald A. Dulaney)在《个人消费行为理论：需求、特点和层次》一文中指出，消费行为是探讨消费者如何制定和执行其有关产品和服务的取得、消费与处置决策的过程，以及研究有哪些因素会影响这些相关的决策。① 该定义将消费行为视为一门学科，关注的是人们对于产品和服务相关信息的心理与行为反应。美国霍普金斯大学心理学家约翰·B. 沃森(John Broadus Watson)认为消费行为是消费者为获得所用的消费资料和劳务而从事的选择、购买和使用等活动。

国内学者对消费行为的定义也进行了研究。消费行为是指人们为满足其需求和欲望而选择、购买、使用及处置产品或服务时介入的过程和活动，包括与购买决策相关的心理活动和实体活动。② 消费行为是指消费者为获取、使用和处置消费物品或服务所采取的各种行动，包括先于且决定这些行动的决策过程。③ 消费行为是指人们对产品、服务以及对这些产品和服务进行的营销活动的反应；也可以认为消费行为是消费者为满足自身需要而发生的购买和使用商品的行为活动。④

2.1.2 消费行为特点

(1)复杂性。

消费者可以是个体也可以是群体的形式出现在消费过程中，消费者消费行为的第一环节就是消费动机，这种动机可以是长期的，也可能是临时的；这种动机可以是强烈的，也可以是平淡的。从动

---

① Ronald A. Dulaney. Needs, characteristics, hierarchy and the theory of individual consumer behavior[J]. Dissertation Abstracts International, 1976, 37(1): 500.

② 刘业政等. 网络消费者行为：理论方法及应用[M]. 北京：科学出版社，2011：3.

③ 吴延凤. E世代网络消费行为研究[D]. 延安：延安大学，2013：13.

④ 薛薇. 基于消费行为的市场细分研究[D]. 西安：西安电子科技大学，2009.

机到实施消费行为更是一个复杂的过程，有对产品的认知程度，也受产品促销宣传和他人的影响。对消费行为的评价也会受到社会环境以及自身的性格和文化背景的影响。

(2)经济性。

消费者行为不只是消费者自身的行为，也是社会经济行为。消费者行为研究的价值在于根据消费者的行为如何设计营销策略。营销策略不只是被动的顺应消费者，而且也可以能动的影响消费者的消费行为。从竞争的角度来说，对消费者行为的研究可以决定公司在市场经济中的发展地位。

2.1.3　消费行为决策模式

20 世纪以来，众多学者开始研究人类行为的奥秘，总结出一些消费行为模式。本书仅对其中具有代表性的五种典型消费行为决策模式进行简单介绍。

(1)霍华德—谢思模式。

行为心理学的创始人约翰·B. 沃森(John Broadus Watson)提出的“刺激—反应”概念认为，行为是大脑对刺激的反应，把用户的消费行为拆分成刺激与反应两个方面。1963 年，学者约翰·A. 霍华德(John A. Howard)在“刺激—反应”概念的基础上，把刺激物进一步细化为产品实物刺激、产品符号刺激和社会刺激，这三种刺激物与外在因素一起共同刺激消费者的心理活动。1969 年，霍华德与谢思(Jagdish N. Sheth)合作，对该理论进行进一步修正，形成了 S- R 模式(Stimulus—Response Paradigm)，即“刺激—反应”模式(见图 2-1)。该模式结合心理学和社会学的基础理论，概括内容全面，具有较强的学术和实践参考价值。

(2)S-O-R 模式。

霍华德、谢思的 S- R 模式认为消费者的心理活动是一个隐性黑洞，未对其内在运行机理进行进一步深究。随后，认知学派学者基于认知理论，在该模式的基础上增加了一个中间变量 O，形成了 S-O-R 模式(Stimulus-Organism-Response)，即“刺激—有机体—反应”模式(见图 2-2)。该模式强调有机体的意识能动性，认知活动

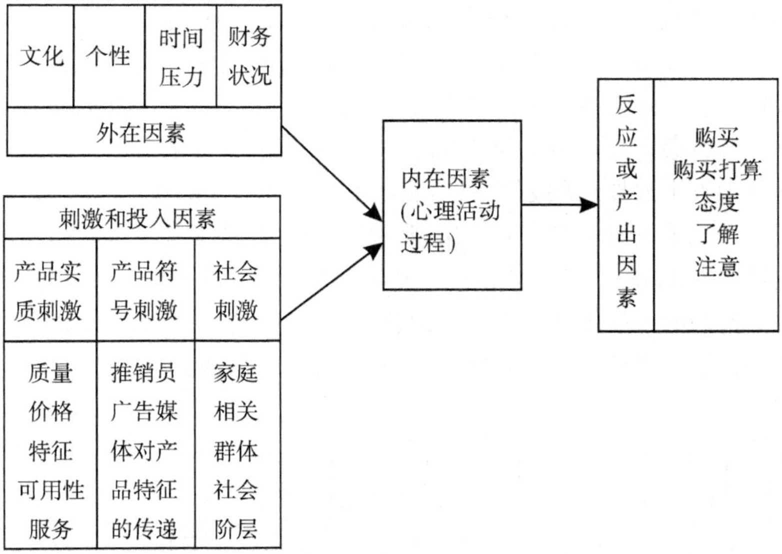

图 2-1　霍华德—谢思模式

是从刺激开始的，刺激是外因，刺激(S)与反应(R)的联系并不是直接的、机械的，而是受意识支配的，不同有机体对相同刺激的反应是不一样的，有机体依靠主观认知结构主动获取刺激，然后进行意识转换，然后作出反应，进行决策，再产生行动。

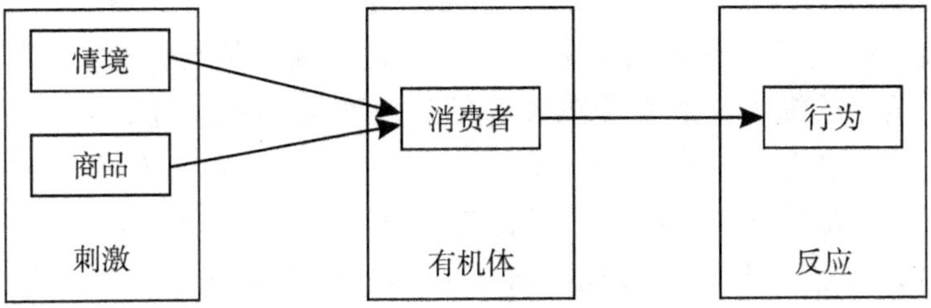

图 2-2　S-O-R 模式

(3)科特勒行为模式。

现代营销学之父菲利普·科特勒(Philip Kotler)博士出版的《营

销管理》一书被封为营销学的圣经，该书影响世界 40 多年。Kotler 拓展了之前的 4P 营销理念(product：产品，price：价格，place：地点，promotion：促销)。不同特征的消费者接受的文化教育、社会环境、个性与生活方式等都会大不相同，因而产生不同的心理活动，各自会对其产生不同的反应。科特勒还把消费者的购买决策过程分为五个阶段：问题认识—信息收集—评估—决策—购买行为，最终形成了消费者对产品、品牌、经销商、购买时机、购买数量的选择(见图 2-3)。该模式虽然是在 S-O-R 模式的基础上探讨消费者购买行为的一般规律，但是对消费者的特征、各种影响因素以及购买决策过程进行了深入研究，对企业营销有很强的指导意义。

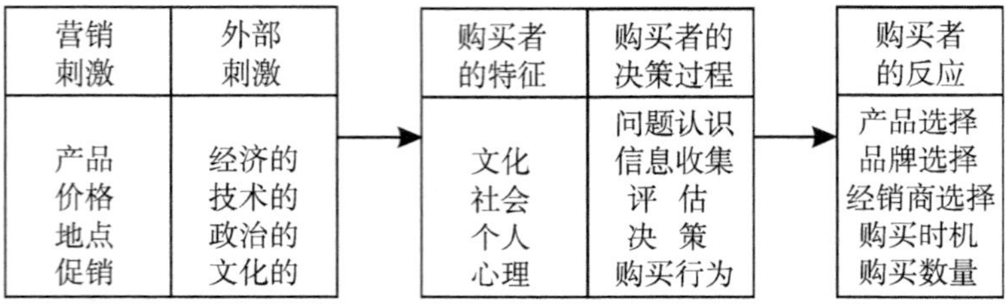

图 2-3　科特勒行为模式

(4)尼科西亚模式。

尼科西亚模式(Nicosia Model)是在 1966 年由尼科西亚(Nicosia)在《消费者决策程序》一书中提出的消费行为决策模式。该模式的流程图有四大部分组成：信息传递、信息评估、购买行为、信息反馈①。企业寻找各种信息发布渠道把信息传递给消费者，消费者对信息真伪进行甄别，对经销商、品质、价格等属性进行评价，形成购买动机，进而转变为购买行动。最后，消费者将产品购买和使用过程中形成的经验、态度、满意程度等信息反馈给企业，为企业以后制定营销策略提供参考(见图 2-4)。

① 李双双，陈毅文，李江予．消费者网上购物决策模型分析[J]．心理科学进展，2006，14(02)：294-299.

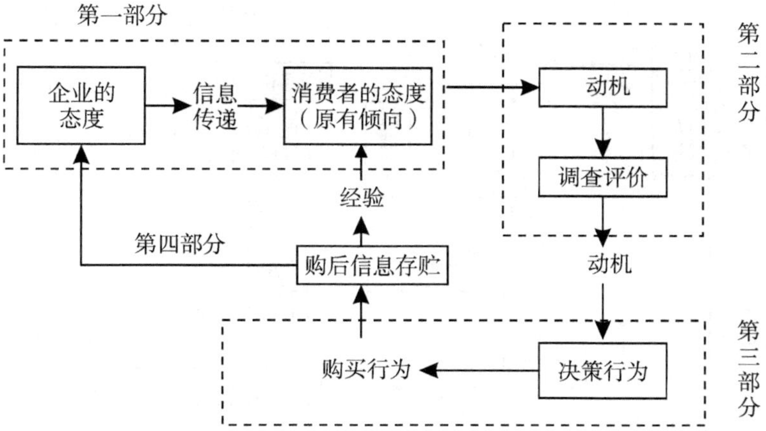

图 2-4 尼科西亚模式

（5）EBK 模式。

EBK 模式是 1968 年由恩格尔（Engel）、克莱布威尔（Blackwell）和科特拉（Kollat）三位学者合作提出的，并于 1984 年对理论框架进行了修正，又称恩格尔模式（Engel Model）。恩格尔模式认为，消费者的购买决策过程由五个步骤构成：问题认知、收集信息、方案评估、选择、购买结果①（见图 2-5）。在整个决策过程中，消费者会受到收入、文化、家庭、社会阶层等外在环境因素的影响，而商品属性、大众传媒、企业促销手段等刺激因素不仅会影响消费者当前的选择，也会影响消费者未来的购买行为。

2.1.4 消费行为学

消费行为学是一个年轻的科学领域，最早从事这方面研究的是美国经济学爱瑟斯泰英·范伯伦（Thorstein Veblen），他在 1899 年出版的《休闲者阶层的理论》一书中，提出了炫耀性消费的假设，认为过度的消费是由于人们在一种向别人炫耀自己的心理支配下而

① 蔡志强，孙树栋，司书宾，王宁．不确定环境下多阶段多目标决策模型[J]．系统工程理论与实践，2010，09：1622-1629.

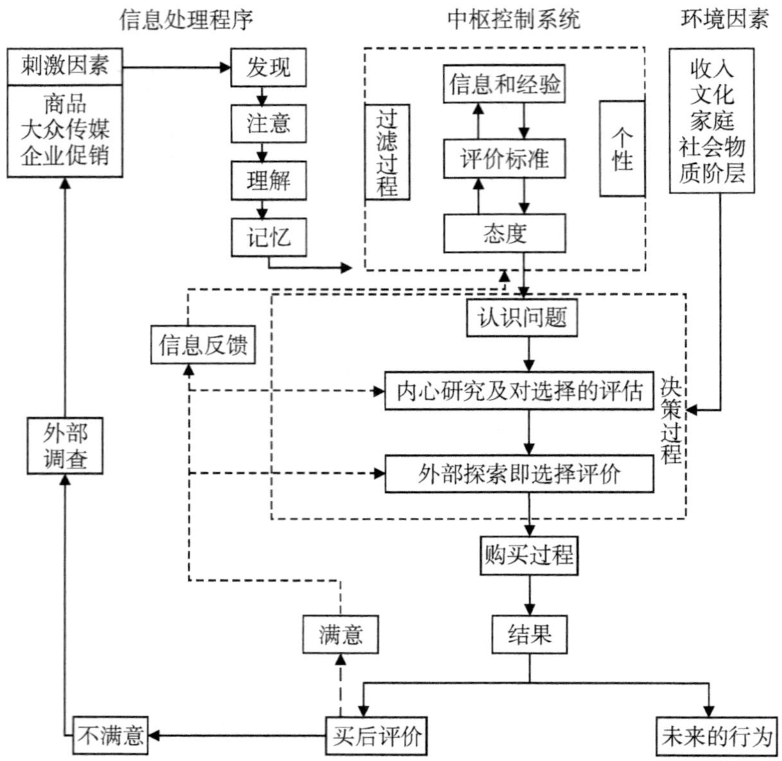

图 2-5　EBK 模式

激发的。至此，消费行为的研究的必要性才被人们所认识。进入20 世纪 60 年代，随着市场的高度繁荣和消费者购买能力的提高，消费者的心理趋向复杂，对消费行为的研究进入蓬勃发展阶段。20 世纪 70 年代后，消费心理学家对于消费者的卷入问题有了强烈的兴趣，从消费者对商品的感受程度和取得消费信息的渠道来源等方面进一步研究营销方式和营销信息对消费者态度、消费动机与购买商品愿望的影响。20 世纪 80 年代之后，随着社会生产和科学技术的飞速发展，各种分支学科、综合学科、边缘学科、交叉学科开始大量出现，消费行为理论的研究也不断得到了深化和发展，并使该学科的研究日益丰富。20 世纪 90 年代后，有关研究进入全面发展和走向成熟的阶段。消费行为的研究在内容上更为全面，理论分析上更加深入，学科体系趋于完善，研究成果在营销实践中得到越来越广泛的应用。总之，消费行为的研究从早期的以研究购买动机为主，到形成比较完整的、系统的消费行为模型，再到随后的以研究消费者购买决策过程及影响消费行为的重要因素为主，消费行为学正趋于完整。

第二次世界大战以后，西方企业界开始关注消费市场和投资前景，消费者的购买能力是整个消费活动的重要内容，对消费行为的研究，逐渐成为消费经济学的理论基础。进入本世纪以来，美国出现以 W. 斯科特为首的研究人员开始了对消费者行为的系统研究。随着更多学者的参与和更广泛的研究，在企业营销活动中得到了广泛的实践，对消费者行为的研究成为了独立的学科。

顾名思义，消费者行为是消费者在消费过程中的有关活动，这种有关活动包括消费者为满足欲望和需求及其系列和这种欲望和需求心理活动引起的实体行动。消费者的行为构架模式各个单元有自身的重点和意义，但又互为整体，构成消费者从欲望到实体行动的消费者行为。消费者行为和心理学、文化背景、社会学、行为学等都有一定的关联。研究消费者行为学的目的以及探究消费者在做出消费决策时的心理过程的意义在于为企业的营销实践做出有效的引导。企业的营销策略的基础是消费者的心理需求，让消费者在竞争中选中自己的产品是营销策略的目的。当今世界经济正处于低迷阶段，我国也真处于调整经济结构攻坚时期，许多产品的和服务行业的现状是供过于求，企业的竞争压力非常大，那么，把消费者消费行为的心理特点和企业的营销策划有机地结合起来就显得尤为重要。消费行为学是研究消费者为满足其需要和欲望而选择、获取、使用和处置产品、服务的活动和过程，也包括影响这一活动和过程的各种因素①。

① 林荣华．消费者行为学[M]．第2版．大连：东北财经大学出版社，2006：3.

2.2　信息消费行为概述

21 世纪是一个崭新的信息时代，信息改变了人的生活方式和思维方式，以至于现代战争的都打上了信息的烙印，被称为现代信息战。信息消费是在一定的消费环境下，消费者为满足信息需求，对信息产品及其服务进行的精神消费为主的消费活动。①

2.2.1　信息消费需求理论

一个人为什么在一天的生活中总有一段时间在通过各种工具和途径搜寻想要信息？因为有信息需求。信息需求是信息搜寻的基本原因，信息搜寻的过程中又会产生新的信息需求，他们是相互作用和相互带动，促进着信息消费的结构升级。信息消费过程始于信息需求。信息需求是人的一种心理状态，学者们对信息需求也有了一段时间的研究，但仍然对其难有一个全面完整的界定。关于信息需求的产生，有三种代表性的观点：

(1)需求满足论。

马斯洛把人的总体需求分为了生理、安全、社交、尊重、自我实现五个层次，有学者认为信息需求是在满足这五个层次需求的过程中出现的，是用户缺乏自我满足感的一种表现。英国情报学家威尔森(Wilson T. D)等学者认为信息需求是用户为了消除自身的一种不确定性的状态。② 用户的生存状态和生活方式是各种各样的，这导致了用户对信息的需求也是不一样的，而且信息自身的分类也有不同的分类方法，这主要是着眼点不同。不同层次的信息资源才能满足用户不同层次的信息需求。

---

① 朱红. 信息消费水平测度方法研究[J]. 情报科学，2006，24(02)：175-179.

② Wilson T D. On user studies and Information needs[J]. Journal of Documentation，1981，(37)：3-15.

(2)认知过程论。

信息需求有别于物质产品类的需求，与用户自身的认知能力有关，信息需求产生于个人的认知过程。不同用户知识获得过程会存在很大区别，这就会进一步影响到其认知地图的形成。贝尔金(Belkin)认为信息需求产生于个人对自身知识异常状态的认识，信息需求是个体面对某种自身的知识不能解决的问题情境时产生的一种新知识需求心理状态；布伦达·德尔文(Brenda Dervin)却认为信息需求产生于认知结构无序性，用户知识的无规律性和知识差，对信息需求理解的关键点在于对自身知识的不足的承认和面对的问题的理解，因为这里的问题可以是一种疑惑，是一个面临的任务，同时也可能是不适应的一种状态；库尔斯奥(C. C. Kuhlthau)则主张信息需求是一个存在有许多不确定因素的概念，认知的模糊性、不连续性原则。① 信息需求的不确定性不仅在于信息需求概念的界定，同时其中间的一些变量也存在较大的不确定因素，需要进行继续分析和验证。

(3)行为障碍论。

信息需求具有广泛性、社会性、知识性、发展性、多样性、模糊性等特征，影响信息需求的因素是复杂多样的，既有消费者自身因素如兴趣、知识水平、经济能力、工作性质等的作用，也有社会环境，如政治、科技、经济、文化等的制约。② 近年来，主体信息需求的构成成为许多研究人员的对象，他们根据主体的不同，把公民信息需求、特定职业信息需求和特定任务信息需求作为主体信息需求的三大构成部分。乔治·弗林(Goger R. Flynn)认为知识的缺乏导致主体感知上的空白、紧张、焦虑、不安等，使主体感到无所适从、犹豫不决、思绪混乱，从而导致主体行为障碍产生信息

---

① Kuhlthau C C. Inside the search process: informationseeking from the user's perspective [J]. Journal of the AmericanSociety for Information Science, 1991, 42(5): 361-371.

② 刘海霞，李后卿. 信息消费心理及行为分析[J]. 情报杂志，2004, 23(02): 52-53.

需求。

2.2.2 信息消费动机理论

(1)动机驱力理论。

美国认知教育心理学家戴维·保罗·奥苏贝尔(David P. Ausubel)的动机驱力理论(Drive Theory)形象地解释了动机的概念，它认为动机是使个体产生某种指向性行动的内驱力，这种内驱力来自个体对某种缺失引起的紧张感，当紧张到一定程度的时候，这种内驱力就能让个体激发出一种积极的行动来解除这种紧张，也就是说，动机的意义在于促使人采取行动满足某种需求。奥苏贝尔还把这种动机驱力分成了：认知驱力、自我增强驱力和附属驱力三种形式，而且这三种驱力会随外在因素的变化而在方向、强度上存在着变化。

信息消费动机是个体由某种信息缺失引起心理上的不安状态而产生信息需求，并促使自己对这种信息进行搜索的一种内驱力以及外在诱因共同作用的结果。用户信息行为的动机是一个非常复杂的心理过程，主要包括：工作、生活、自我提升、认同、社交、消遣、警戒等。信息动机的方向是对动机内驱力引导指向上的变数，这个变数是个体对目标的期望引发的。信息动机的方向有初级和次级两个层次，初级动机是指向有着一定共性的某一类型信息或服务的需求，而次级是指向更具体的一种，这一层次涉及更具体的细节。信息动机的强度内驱力高与低的强度上的区别，体现着对需求的强度，通常有心跳、脉搏等数据指标了衡量。信息动机的强度与不满足状态的程度以及个体对某种不满足涉入的程度相关，并且是属于正相关，用户不满足程度越高则需求程度高，继而动机强度高；涉入的程度高，风险相关度高，动机强度也会变高。

(2)动机诱因理论。

20 世纪 50 年代以后，许多心理学家认为，不能用驱力降低的动机理论来解释所有的行为，外部刺激(诱因)在唤起行为时也起到重要的作用，应该用刺激和有机体的特定的生理状态之间的相互作用来说明动机。诱因理论(Incentive Theory)强调了外部刺激引起动机的重要作用，认为诱因能够唤起行为并指导行为。美国著名心理学家克拉克·赫尔(Clark Hull)把诱因作为行为的决定性因素之一。诱因只有转化为个体内在的驱动力，才会形成持久的推动力。诱因有正性与负性效果之分，将重点放在当时所处外部环境下各种可能的相对利益或损失。正性诱因促使个体去追求目标，推动个体的行为；负性诱因是人类追求刺激的选择，以消积、不利的行为后果(如痛苦、伤心、失败等)为判断基础，采取相应的回避行为方式。

信息需求是信息行为动机形成的内在条件。我们现在生活的社会是一个信息社会，信息和我们的物质生活和精神生活都息息相关，无处不在的信息让我们的物质生活和精神生活不仅仅变得更加分丰富，同时也变得更依赖信息，更容易形成信息缺失，也就是说人人都会有或多或少的信息需求。个体在生活和工作中信息需求中有一部分会因内在和外在的一些因素的作用下，变得越来越强烈，就会产生强烈的信息搜寻愿望，就有可能形成信息行为的动机。信息行为动机的形成还有外在条件，就是要有良好的信息环境，没有一个好的信息环境，会使信息行为动机形成的可能性变成抽象的可能性。信息环境即诱因，由信息设备系统、资源、信息意识、经验、政策以及经济环境等构成。信息行为动机的形成是内在条件(即驱动力)和良好的外部刺激(即诱因)的共同作用下形成，个体对信息环境和信息行为结果的认识会促进信息行为动机的形成。

(3)动机冲突理论。

美国拓扑心理学创始人库尔特·勒温(Kurt Lewin)用矢量表示有方向的吸引力和排斥力，即正向的动机和负向的动机。正向的动机是使人实现需求的一种内驱力，而负向的动机是促使人逃避某种需求的排斥力，这两种动机有可能同时在一个人身上出现，这就是动机的冲突。针对这种复杂的冲突的现象，勒温用三种类型来解释了这一现象：趋向——趋向冲突、趋向——规避冲突和规避——规避冲突。趋向——趋向冲突指的是在有两种可能性的替代中挑选一种时的冲突，趋向——规避冲突是指对某一种需求既期待但又因害怕这种需求得到实现时给自己带来不利而想放弃的动机冲突，规避——规避冲突则是在两个对个体有害的替代选项中挑选一个危害较轻的选项时的动机冲突，这三种冲突都是两股力量在个体心理上的较量。

信息消费者在不同的情景下会有不同的消费动机，不同信息消费者对同一信息的消费动机也不一样。信息行为动机促使个体产生一定的信息行为，但信息行为动机和信息行为并不是一相互对应的关系，也就是说一定的动机并不一定产生相同的信息行为，相同信息行为并不一定是由相同的信息动机激发的。而且对于同一信息，信息消费者可能只有一种消费动机，也可能同时存在多种消费动机。信息行为动机对信息行为的作用在于两个方面：激励作用和指向作用，激励作用是激发个体信息行为，并且包括一系列的维持、强化或终止的控制作用，指向作用是信息行为动机引导个体的信息行为指向特定的目标，实现自身信息需求。事实上对个体信息行为产生作用往往不只是单一的动机，有时甚至会出现动机对抗现象，但其中会有一个是最稳定、最强烈的动机对个体的信息行为起决定性的作用，这个动机就是主导动机。

2.2.3 信息消费的概念

迄今为止，关于信息消费的概念非常多，学者们从不同的角度试图阐释其本质，但是学术界还未能达成统一的认识。

1964 年，思想家马歇尔·麦克卢汉(Marshall Mcluhan)的惊世之作《理解媒介：人的延伸》一书横空出世，书中提出了“媒介即信息”理论，根据麦克卢汉的分析，不同形式的信息来源于不同的媒介，从而需要从事观察和听取这些信息的经验对其进行滤器①。书中虽然没有直接提及“信息消费”一词，却无处不是消费的影子，电视、电话、计算机既是科技的延伸，也是人的延伸。汽车的出现免去了我们远行的双脚苦楚，电话的出现使我们不再采用信鸽的方式传递信息，电视的出现使我们不出门就能尽知天下事，等等。

---

① Marshall Mcluhan. Understanding Media: The Extensions of Man [M]. New York: New American Lib, 1964: 7.

1975年，著名经济学家约瑟夫·斯蒂格利茨(Joseph E. Stiglitz)在《“信息甄别”理论：教育与收入分配》一文中，把教育提供的信息和技能视为“商品”，以“受教育水平”作为市场信号，对涉及商品的质量或代理人的品质的最重要的信息类型进行甄别，依据个体之间的重要差异进行筛选①。文章基于个体和机构的经济成本和收益进行分类，确定筛选不同制度安排下的均衡数量，还阐明了社会收益不同于私人收益，详细地研究了教育资源市场配置以及教育系统的结构如何从一个高度理想化的设置中精简政治手续的过程。1993年，斯普兰(Richard A. Spreng & Richard W. Olshavsky)等人从消费过程的角度，认为信息消费是对信息的感觉、理解和整合。② 随后，斯考特(Scott J. Takacs)进一步指出，信息消费是一个复杂的内部过程。③

国内“信息消费”一词最早出现于郑英隆研究员在1989年发表的《信息的生产力功能问题探讨》一文中，通过对信息属性与功能的分析，他提出了“信息是生产的要素之一……信息必须为社会不断地消费，其功能才能得以发挥。……缺乏信息消费动力与推进机制，同样是不能充分发挥信息的生产力功能的”。④ 文中没有继续对“信息消费”一词进行进一步的解释和定义；1991年，郑英隆在《信息产品消费的运行系统》⑤一文中，明确指出信息消费就是消费者对信息产品进行内容吸收和利用的活动。⑥ 该定义是基于信息

---

① Joseph E. Stiglitz. The Theory of Screening, Education and Distribution of Income[J]. American Economic Review, 1975, 65(3): 283-300.

② Richard A. Spreng, Richard W. Olshavsky. A Desires Congruency Model of Consumer Satisfaction[J]. Journal of the Academy of Marketing Science, 1993, 21(3): 169-177.

③ Scott J. Takacs. The Frequent Information Consumer[J]. Dissertation Abstracts International(Humanities and Social Sciences), 1997, 58(6): 2306.

④ 郑英隆. 信息的生产力功能问题探讨[J]. 科学·经济·社会, 1989, 7(03): 156-161.

⑤ 该文所研究的信息产品消费实质上就是信息消费。

⑥ 郑英隆. 信息产品消费的运行系统[J]. 经济学家, 1991, (05): 101-107.

必须借助于一定的物质载体为消费者所感知，对信息认识的局限性导致对信息消费定义的片面性；1994 年，郑英隆在《信息消费论纲》一文中，通过对信息消费的意义、本质、特征、类型和现状的系统分析，通过对人类漫长信息消费史的追踪考察和阶段划分，对"信息消费"进行了重新定义，信息消费实际上就是社会各种类型决策者将现有的有关决策的信息进行消化吸收，并通过若干转换加工形成行动方案决策或思想决策的过程①。该文被理论界誉为是国内信息消费研究的开山之作，为该领域后续的研究奠定了理论基础。2008 年，郑英隆在《入世以来我国信息消费研究的新进展》一文中，就我国加入 WTO 之后，基于全球化因素的消费影响，学术界对信息消费的界定进行了简要评述②。

一部分学者视信息消费为一种活动。比如，贺修铭认为信息消费是指社会信息生产和交流过程的延续，是信息消费者获取信息、认知信息内容和再生信息等基本环节所构成的社会活动③。沙勇忠等认为："信息消费是直接或间接以信息产品和信息服务为消费对象的消费活动。狭义的信息消费以净信息产品和信息服务为消费对象，广义的信息消费还包括对信息含量相当大的产品和服务的消费。"④朱红等认为："信息消费是在一定的信息消费环境下，信息消费者为满足信息需求，对信息产品与服务进行以精神消费为主的消费活动。"⑤

一部分学者视信息消费为一种行为。比如，金燕认为："信息消费是指在生产、生活中，消费主体(包括自然人和法人)在信息

① 郑英隆．信息消费论纲[J]．学术季刊，1994，(02)：51-59.

② 郑英隆．入世以来我国信息消费研究的新进展[J]．湘潭大学学报(哲学社会科学版)，2008，32(06)：64-69.

③ 贺修铭．信息消费概念的确立及其理论基础——兼论信息消费学的建设[J]．图书情报工作，1996，40(04)：45-51.

④ 沙勇忠，高海洋．关于信息消费的几个理论问题[J]．图书情报工作，2001，45(05)：28-31，79.

⑤ 朱红．信息消费：理论、方法及水平测度[M]．北京：社会科学文献出版社，2005：5.

需求的引导下消费信息产品及服务的行为。信息消费的过程包括信息需求、信息获取占有、信息吸收处理和信息创造四个基本阶段，信息消费包括3个结构性要素即信息消费者、信息消费对象和信息消费环境。"①或者说，信息消费是指消费主体(包括法人和自然人)为满足生产、生活中的信息需求，针对信息获取和占有、信息吸收和处理而采取的消费行为或活动②。也有学者将信息消费定义为："就是社会购买和使用信息商品和服务的总和。"③朱萍等认为"信息消费也就是用户的信息需求结构，包括信息消费的内容、需求结构和价格需求④。"

还有一部分学者视信息消费为一种过程。比如，贺修铭在定义信息消费的时候就设计到信息消费过程，提出了信息消费过程由信息需求、信息占有、信息处理和信息再生四个环节构成⑤。金燕则将信息消费过程概括为包括信息需求、信息获取和占有、信息吸收和处理、信息创造的四个基本阶段⑥。沈小玲认为对信息消费内涵的界定有必要从广义和狭义两个意义上进行区分，广义的信息消费包含文化消费、媒介消费、教育消费等；狭义的信息消费是以信息产业提供的信息产品和服务为消费对象的消费⑦。

无论是活动说、行为说、过程说，还是主体说，学术界对信息消费的定义还是缺乏全面的概括，有的把"信息消费"和"信息产品

---

① 金燕．信息消费质量：含义、评估及提高[J]．情报资料工作，2002，(01)：26-27，15.

② 黎婷，刘勇．信息消费界定评述与研究[J]．图书馆理论与实践，2007，(01)：62-64.

③ 张效赤．信息消费刍议[J]．现代情报，2004，24(01)：83-84.

④ 朱萍，董玲．虚拟信息消费模式论析[J]．图书馆理论与实践，2003，(06)：52-53.

⑤ 贺修铭．科学研究与发展(R&D)信息消费过程的历时性结构分析[J]．武汉大学学报(哲学社会科学版)，1996，49(02)：105-111.

⑥ 金燕．信息消费质量：含义、评估及提高[J]．情报资料工作，2002，(01)：26-27，15.

⑦ 沈小玲．关于信息消费的理论探讨[J]．图书情报知识，2006，22(05)：81-84.

消费"相混淆，有的是从狭义的角度去论述，有的从广义的角度去定义，对信息消费概念的研究缺乏创新和突破。

2.2.4　信息消费行为的过程

英国学者大卫·埃利斯(David Ellis)提出任何搜寻信息的个人行为都有开始、连接、浏览、区分、跟踪、采集六个特点①。美国图书馆学家库尔斯奥(C. C Kuhlthau)早期研究的信息搜索过程模型(The model of the Information Search Process，ISP 模型)是经过 20 多年实证研究形成的概念性框架结果，从用户的角度把信息寻求的整体过程分为六个阶段：任务启动、选择、探索、聚焦构想、收集和报告，每个阶段共有三个领域的经验：情感(情绪)、认知(思想)和物理(行动)②。而且受乔治·凯利(George Kelly)的个人建构理论(Personal Construct Theory)影响，ISP 提供信息寻求的过程包括用户经历一系列的思想和情感体验，从模糊和焦虑转向清晰和自信的搜索过程，将不确定性视为创新和创造力开始的标志。英国情报学家威尔森(Wilson T. D)认为信息查询行为只是信息行为的一部分，信息行为的基本活动除了信息查询外，还有信息需求、信息浏览、信息交流、信息传递、信息加工、信息利用等更多的信息活动和信息关系。Wilson 教授把信息查询行为分为：开始、连接、浏览、区分、监控、提取、证实、结束等八个阶段③。

国内学者贺修铭提出了信息消费过程由信息需求、信息占有、

---

① Ellis D. The physical and cognitive paradise in information retrieval research[J]. Journal of Documentation, 1992, 48(1): 45-64.

② Kuhlthau, C. C. The concept of a zone of intervention for identifying the role of intermediaries in the information search process. In *Global Complexity*; *Information*, *Chaos and Control*, Proceedings of the 59th American Society for Information Science Annual Meeting, Baltimore, MD., October 21-24, 1996; Hardin, S, Eds., Information Today, Medford NJ, 1996, 91-94.

③ Wilson T D. Human information behavior research[J]. Journal of Documentation, 1999, 55(3): 249-270.

信息处理和信息再生四个环节构成①。金燕则将信息消费过程概括为包括信息需求、信息获取和占有、信息吸收和处理、信息创造的四个基本阶段②。从经济学角度分析信息消费行为，可以看出，信息消费有偏好行为、选择行为及共享行为③，在现阶段主要由功能性消费、外延性消费和及时性消费三个方面构成④。当代动态数字时代，人们从事各种各样的信息行为，比如信息查找、信息选择、信息利用、信息分享和信息创造等。人们与信息进行交互的方式已经伴随着移动数字信息环境发生了转变。然而，出现了少数缺乏理论框架的实证研究，从整体透视的角度解释胡乱解释数字时代用户信息行为。

2.3 数字信息移动消费行为

数字信息资源是近年来随着信息技术的发展而出现的一种新的信息资源形式。按照 DLFERMI 的界定，数字信息资源是指借助计算机编码而完成的可供直接获取和远端使用的多种形式的资源⑤。

2.3.1 数字信息移动消费内涵界定

移动是相对于固定而言，《辞海》对“移动”一词的解释是：“1. 改换原来的位置。2. 调动。”⑥正如移动图书馆最初是指流动

① 贺修铭．科学研究与发展(R&D)信息消费过程的历时性结构分析[J]．武汉大学学报(哲学社会科学版)，1996，49(02)：105-111.

② 金燕．信息消费质量：含义、评估及提高[J]．情报资料工作，2002，(01)：26-27，15.

③ 刘海霞，李后卿．信息消费心理及行为分析[J]．情报杂志，2004，23 (02)：52-53.

④ 朱萍，董玲．虚拟信息消费模式论析[J]．图书馆理论与实践，2003，(06)：52-53.

⑤ 裴雷，马费成．公共数字信息资源开发利用现状和对策[J]．情报理论与实践，2008，(01)：26-32.

⑥ 夏征农．辞海(第四卷)[M]．上海：上海辞书出版社，2009：2704.

图书馆、汽车图书馆，移动消费最初是指旅游消费、交通消费。本书所讲的信息移动消费属于广义移动消费的范畴，但有别于移动通信消费。移动通信消费是通过通信技术来实现 SMS、MMS 的收发，主要传送数字文字信息，同时还可以传送语音、图像、动画、视频、音频等多种类型的信息。而信息移动消费是无线互联网技术发展的产物，依靠拥有强大信息处理能力的移动电子终端。移动电子终端常见的有智能手机、平板电脑、电纸书以及笔记本电脑，广义地讲还包括 POS 机、RFID 读写器、车载电脑、手持采集器、PDA、MID①、UMPC 等设备，从而使各种数字信息得到更加及时、有效地传递。

信息移动消费的研究主体是数字信息产品。本书研究的数字信息产品涵盖的范围有别于日常生活中人们宽泛的讲法，仅包括信息内容基于数字格式的产品资料。手机、广播、电视、计算机、触摸屏、数码相机等工具类电子产品及其配件虽也属于广义信息产品的范畴，但不属于本书研究的范围。信息消费的本质是精神消费②，信息移动消费的本质更是如此。

基于以上原因，笔者对信息移动消费的定义是：信息移动消费是指在移动环境中，为更好满足消费者实时获取各种数字信息需求，依靠无线互联网技术支撑，通过移动电子终端对数字信息产品及其服务进行的精神消费活动。

2.3.2　数字信息移动消费者主体特征

在信息网络社会，人们不再是单纯的信息消费者，同时也是信息资源的创作者。尤其是智能手机的出现，人们使用手机进行了许多无声数据活动，其中包括收发文本信息、照相、玩游戏、查收电邮、上网、拍摄录像、即时短信、播放音乐、获取地图或信息、观

---

① MID(Mobile Internet Device)即移动互联网设备，是一种新的“比智能电话大，比笔记本小”的互联网终端。

② 朱红．信息消费：理论、方法及水平测度[M]．北京：社会科学文献出版社，2005：4.

看视频等①。虽说使用移动终端获取数字信息资源的不同消费主体的特征表现会有所不同，但归纳起来具有以下共同特征：

(1)年轻化。

CNNIC 的最新调查数据显示：10～39 岁年龄段的网民比例达 73.0%，其中 20～29 岁年龄段的网民比例占 30.0%。而网民中使用手机上网的比例达到 97.5%,② 移动终端成为年轻用户密不可分的伴侣。手机大屏化以及应用体验的不断提升较好满足了手机网民的娱乐需求，在信息获取、娱乐和沟通三大应用上，用户使用移动终端的比例远远超过了 PC 终端。在移动应用上，用户播放音乐软件的比率略有下降，而视频和游戏的使用率却反而逐渐提升。而且年轻人的信息行为还会呈现多屏现象，一心二用，他们会在看电视或上网的同时“玩”手机。

(2)低学历。

CNNIC 的最新统计结果表明，我国网民的整体文化水平偏低。其中，大专及以上学历人群仅占 20.4%，中专及以下学历人群占到了 79.6%(其中：小学及以下学历人群占 16.2%，初中学历人群占 37.9%，高中/中专/技校学历人群占 25.4%)③。智能手机的普及和大屏化使得未来网民有继续向低学历人群扩散的趋势，大专及以上学历网民的比例不断下降。

(3)社交恐惧。

这一年龄段的年轻人长期生活在虚拟世界中，更乐于在网上与他人分享信息和资源，在虚拟网络中游刃有余，而现实生活中对陌生人和陌生环境却很抗拒。在虚拟的网络中他们好像穿上了一件隐

① 约翰·荷里甘著；刘博译．美国全民移动上网时代已经来临[J]．国外社会科学，2010，(02)：159.

② 中国互联网络信息中心．第 41 次中国互联网络发展状况统计报告[EB/OL]．[2018-05-09]．http：//www.cnnic.cn/hlwfzyj/hlwxzbg/hlwtjbg/201803/t20180305_70249.htm.

③ 中国互联网络信息中心．第 41 次中国互联网络发展状况统计报告[EB/OL]．[2018-05-09]．http：//www.cnnic.cn/hlwfzyj/hlwxzbg/hlwtjbg/201803/t20180305_70249.htm.

形衣，没有在现实生活中与人交往的顾虑，健谈、轻松、自然、乐观、快乐、自信、向上……现实生活中隐藏了的性格在这里一一展现。在线的存在是现实社会中的人在虚拟世界中的存在。他们更乐于活在虚拟的网络世界里，回避现实中的交往，不愿意与外界沟通，不愿意和任何陌生人接触，害怕面对人群，在人多的地方就会觉得很不舒服。典型的“线上滔滔不绝，线下沉默寡言”。

2.3.3　数字信息移动消费行为特征

现代社会是被科技进步所震荡的全新时代，信息移动消费是这一时代信息技术不断发展创新的产物，是一种新潮、与时俱进的信息消费方式，其具有以下特点：

(1)移动性。

信息移动消费的移动性表现在环境的移动性、主体的移动性和网络的移动性。在移动互联网时代，环境的移动性体现在移动终端设备与网络结合的越来越紧密，移动终端无论移动到何处，都可以无限制地进行信息传输；主体的移动性体现在信息消费主体以“移动在线 互联生活”的方式，充分利用一切碎片时间，在不同场所进行网络信息消费活动；网络的移动性体现在信息消费网络无处不在，甚至可以“随身携带”，用户可以随时随地连接到安全网络上。移动互联网和智能终端的浪潮已经席卷全球，势不可挡。无线技术仍然在高速发展，移动终端的功能将不断完善和增强，移动终端用户对移动信息业务的需求日益强烈，运营商也在充分利用移动设备提供更多的信息增值服务。

(2)即时性。

未来学家尼葛洛庞帝曾说过：“只有那些能以最快的速度回应大众并最聪明地运用比特的人，才能成为大众最好的服务者。”①随着移动互联网和移动终端的飞速发展，即时性成为信息移动消费的主要特点之一。即时的网络会在第一时间给公众带来最新的通讯、

① ［美］尼古拉斯·尼葛洛庞帝著；胡泳，范海燕译．数字化生存［M］．海口：海南出版社，1997：70.

最新的资讯、最新的应用、即时的互动、更丰富的信息等，完全不受时间、空间和地域的限制。譬如时下把即时性发挥到了最大功效的“微信”，公众可以24小时在线，在关注好友的同时，更多地用它来直接发布和接收图片、消息、视频等；在分享即时的感受和心情的同时，随时得到反馈和被新生事物所冲击。

(3)新颖性。

应该说，喜新厌旧是人类积极向上的天性。正因为如此，新科技、新产品才得以如此迅速的发展。信息移动消费的新颖性体现在载体的新颖性、技术的新颖性和内容的新颖性。新颖总是与好奇、兴趣联系在一起。载体的新颖性能够提高消费者的兴趣；技术的新颖性与消费者兴趣的关系是十分复杂的，技术太过简单则可能提不起消费者的兴趣，技术太过复杂反而会使消费者产生抗拒心理，而不愿意进行消费；而信息内容的新颖性又与及时性是密切相关的，信息内容必须及时、实时更新才能保障信息内容的新颖性。载体的新颖和技术的新颖都属于一种表面的新颖，不可能让消费者产生持久的兴趣，只有内容的新颖才能引发消费者强烈的求知欲望，进而产生一种可以持久的兴趣。

(4)随机性。

自然界、社会和思维领域的具体事件都有随机性。信息移动消费行为也不例外。在这个即时动态、自由开放的世界里，你永远无法事先确定消费者下一秒钟的具体信息行为。一方面，信息移动消费者多是在机动的时间里进行信息消费，其情绪、注意力等偶然因素都会对信息消费内容及形式发生作用，导致行为难以预计和控制，无法形成明显的规律性，而是呈现出一定程度上的偶然性；另一方面，信息移动消费者个人认识水平随着信息消费的过程在不断进步，知识结构在不断提升，思维方式也会发生转变，更使得信息移动消费处于不确定状态，呈现出随机性特征。

(5)方便性。

方便性是指消费者获得信息时所需要的时间及努力程度的节省。信息移动消费充分考虑到消费者的技术能力、认知能力、所使用软硬件的多样性，考虑各种辅助技术和设备的兼容性，考虑不同消费群体的需要，技术性要求低，易于操作，能够帮助解决日常生活的问题。大部分年轻人，尤其是“Google 一代”①，倾向于使用更简单的功能和更少的设备。许多传统信息服务机构，如出版社、报社、电台、电视台等，都纷纷利用移动互联网拓展自己的服务。②2013 年底，中国移动获得 4G 牌照，移动互联网进入新纪元。移动 4G 网络的速度比目前正在使用中的 3G 要快不止 10 倍，而且全国各地的移动通讯公司正在免费为用户更换 4G 网络卡，这意味着移动消费者可以享受更快捷的网速、更便宜的流量资费、更丰富的信息应用和更优质的信息服务。

2.3.4　移动终端消费与 PC③ 消费对比

网络信息消费是指消费者为满足自己的需要，利用互联网获取各种信息产品和信息服务的一种消费活动④。根据中国互联网络信息中心(CNNIC)每年发布的统计数据显示，我国的网民规模从 2000 年的 1690 万人增长到 2017 年的 7.72 亿人⑤，网络信息消费在人们的消费生活中所处的地位越来越重要。而无线通信技术的发展为人们的社会生活带来了巨大变化，真正实现了“把互联网装入口袋”的梦想，因为它不再依靠电脑、网线等设备就可以实现收发邮件、图铃下载、信息查询、网络聊天、在线视频等信息消费活动。信息移动消费与网络信息消费有共同之处，也有不同之处，两

---

① “Google 一代”是一个流行词，指的是 1993 年之后出生的那一代年轻人。他们是在互联网已成为主流的世界中成长起来的，他们在获取知识时首先想到和选择的是互联网和搜索引擎，而 Google 是最受欢迎的搜索引擎。

② 茆意宏，吴政，黄水清．手机图书馆的兴起与发展[J]．大学图书馆学报，2008，01：3-6，27.

③ PC 仅包括台式电脑和笔记本电脑，不包含平板电脑等新兴个人终端设备。

④ 董明霞．我国网络信息消费现状浅析[J]．科技情报开发与经济，2009，19(08)：143-144.

⑤ 中国互联网络信息中心．第 41 次中国互联网络发展状况统计报告[EB/OL]．[2018-05-09]．http：//www.cnnic.cn/hlwfzyj/hlwxzbg/hlwtjbg/201803/t20180305_70249.htm.

者主要区别见表 2-1：

表 2-1 **信息移动消费与网络信息消费的区别**

区别	信息移动消费	网络信息消费
网络类型	GSM、CDMA、GPRS、CDPD、2G/3G/4G、WLAN、WiFi、蓝牙等	WAN、LAN、MAN
终端设备	智能手机、平板电脑、笔记本电脑、MID、UMPC 等设备	台式电脑、笔记本电脑
网络应用	图铃下载、信息查询、即时通讯、在线视频、移动阅读、移动支付、信息定制、位置服务等	查阅新闻、即时通讯、编程、股市分析、远程访问、大型网游、高清视频等
可信度	绝大部分应用采用真实姓名、真实 ID，可信度较高	匿名消费，可信度低
安全性	相对较弱	相对较强

(1)网络类型。

移动终端可以同时支持 GSM、CDMA、GPRS、CDPD、WiMAX、2G/3G/4G、WLAN、WiFi、蓝牙等多种无线网络接入方式。在无线网络覆盖的范围内，可以不受限制的访问，而传统 PC 设备的网络接入方式相对比较单一。移动互联网包含了传统互联网。移动互联网是传统互联网的延伸，是互联网发展的一个新阶段①。传统互联网通过电缆、光纤连接，传输率高，抗干扰性强；而移动互联网的无线传输介质容易受天气、距离、障碍物等的影响而导致信号不稳定，无线上网的速度也相对要低一点。

① 官建文．中国移动互联网发展报告(2013)[M]．北京：社会科学文献出版社，2013：19.

NFC① 是在电子钱包领域使用比较广泛的一种无线网络接入方式，由飞利浦、诺基亚和索尼公司共同研发，是由 RFID 及互联互通技术整合演变而来，有三种工作模式：卡模式、点对点模式、读卡器模式，可以在智能手机、移动消费性电子产品、增强型手持设备和智能移动设备间进行近距离无线通信。与蓝牙技术相比，NFC 的成本相对低廉，耗电量低；NFC 是点对点模式，安全性高，而蓝牙是一对多模式；但是 NFC 的使用距离有限，没有蓝牙、WiFi 等无线技术覆盖的范围广。

(2)终端设备。

移动终端(Mobile Internet Device，MID)，一种新的“比智能电话大，比笔记本小”的互联网终端，包括智能手机、平板电脑、MID、UMPC 以及车载电脑等设备；而网络终端通常指的是台式电脑，笔记本电脑则介于二者之间。与传统 PC 消费相比，信息移动消费使用的终端具有更轻便、智能化、个性化、人性化、输入/输出方式多样化等优势。手机已经成为了人们工作、生活中最普通、常用的上网终端，其用户使用比例已经远远高于传统 PC 的情况。在功能上，传统电脑上使用的搜索、网页、软件、下载等应用在智能移动终端上基本都能够使用了，而且传统 PC 不具备智能手机的摄像、语音、投影等功能，PC 搜索输入方式单一，在移动终端上的搜索引擎还可以通过使用二维码或语音来完成输入功能，还有手机搜索独有的定位功能，方便查找周边的朋友。

移动互联网虽然可以包括传统互联网上的几乎所有资源，但在小屏幕终端上的用户体验是影响到人们发掘和利用这些资源的重要障碍。智能手机屏幕从 3.2 英寸发展到目前的 5.5 英寸左右，已经接近智能手机屏幕的最大值，屏幕大小不同的移动终端，其用户体验是不同的。移动互联网向多媒体信息应用发展，制约用户使用移动视频业务的最重要因素是“担心费用过高”，其次就是“图像太小”，影响播放效果。智能手机在中国的普及，以及小米互联网模

① NFC 是 Near Field Communication 缩写，即近距离无线通信技术，一种非接触式识别和互联技术。

式的成功营销，引发了众多互联网企业涉足手机市场。有网友戏言：“如果现在还没有进入智能手机制造领域，你都不好意思说你是一家互联网企业。”任何一种新的生财工具产生后，自然就会动摇世界权力的基础，因而改变家庭生活、企业、政治，甚至各个国家在世界权力结构中的地位①。从系统到终端，企业不仅在网络和硬件方面进行了技术的融合，也在资源方面进行了有效地融合。中国互联网企业进军智能手机市场状况详见表 2-2。

表 2-2　**中国互联网企业进军智能手机市场状况**

企业名称	手机品牌	操作系统	上市时间	合作终端厂商
阿里巴巴	阿里云	阿里云 OS	2011 年 7 月	天语
腾讯	天翼 QQ	Android	2011 年 7 月	华为、中兴、酷派、天语、海信
新浪网	微客	Android 2.3	2011 年 7 月	HTC
小米	小米	MIUI	2011 年 10 月	小米
百度	戴尔/长虹	百度易/百度云	2011 年 12 月	戴尔、长虹
人人网	HTC	Android 2.3	2012 年 2 月	HTC
盛大	Bambook	Android 2.3	2012 年 6 月	意法·爱立信
奇虎 360	华为闪耀	Android 4.0	2012 年 6 月	华为
奇虎 360	AK47	Android 4.0	2012 年 6 月	阿尔卡特
阿里巴巴	魅蓝 metal	Flyme4.0	2014 年 10 月	魅族

第二代互联网由于 IP 地址数量足够多，可以直接上网的设备将不再局限于电脑和手机，还可能是一只多功能手表，其应用领域将更加广泛，触角可以延伸到人类社会的各个角落，一切都可以通过网络来调控。在国外有一种急救呼叫器，家人把它挂在老年人或

① ［美］阿尔文·托夫勒著；吴迎春，傅凌译．权力的转移［M］．北京：中信出版社，2006：8.

病人脖子上，一旦发生老人外出走失、突发疾病等麻烦情况，它会及时作出判断迅速通过网络服务系统报警，并将病人的血压、脉搏等信息通过无线网络传送到医疗机构。

全息技术和手势识别技术的应用，让用户在进行翻页动作时完全不用直接触碰屏幕，隔空就能操控终端。具备以上全部特色技术的 takee1 钛客全息手机已于 2014 年 8 月份上市，手机在“全息空间”中进行隔空操作已经成为现实，全息视频则能给用户视觉上一种超强、震撼的立体感享受(详见图 2-6、图 2-7、图 2-8)，以前在电视、电影中才能看到的高科技手机终于要走进现实生活，和广大消费者见面了，让用户可以感受到空中交互体验，逐渐成为用户关注的“第一屏幕”。

图 2-6　takee 手机全息显示效果图

图 2-7　电影《钢铁侠》中的全息效果图

图 2-8 手机交通导航的全息效果图

(3)网络应用。

不断普及的智能终端有利于推动移动互联网的发展。而移动互联网应用最早让人们接受的方式，则是从短消息服务开始的①。移动互联网经过几年的曲折前行，App 应用层出不穷，移动终端支持图铃下载、微信、移动音乐、手机游戏、视频应用、移动支付、移动阅读、位置服务等丰富多彩的网络应用；而传统 PC 则以信息查询、新闻定制、即时通信、编程、股市分析、远程访问、大型网游、高清视频等应用为主。移动互联网应用的迅猛发展，正在深刻改变信息时代的社会生活。受手机 QQ、陌陌、微信等即时通信软件的影响，消费者无论是在 PC 还是移动终端上，使用微博、论坛、BBS、社交网站等应用的规模都呈负增长趋势；而消费者通过移动终端进行网络购物、网上银行、网上支付和团购等商务交易则呈快速增长趋势，移动商务市场爆发出巨大的市场潜力(详见表 2-3)。

(4)可信度。

随着宽带提升和移动终端功能日益进化，移动手机已经超越 PC 成为接入互联网的最主要途径。卡西尔曾说：“人们不再生活

① 刘学. 移动互联：“神话”的延续[J]. 软件和信息服务，2012，01：23.

表 2-3 **各类网络应用使用状况及用户增长情况对比**

类型	应用	信息移动消费							PC 消费		
		2017 网民规模(万)	2017 网民使用率	2016 网民规模(万)	2016 网民使用率	用户年增长率①	2017 网民规模(万)	2017 网民使用率	2016 网民规模(万)	2016 网民使用率	用户年增长率
交流沟通	即时通信	69359	92.2%	63797	91.8%	8.7%	72023	93.3%	66628	91.1%	8.1%
	微博	28634	38.0%	24086	34.6%	18.9%	31601	40.9%	27143	37.1%	16.4%
	电子邮件	23276	30.9%	19713	28.4%	18.1%	28422	36.8%	24815	33.9%	14.5%
信息获取	搜索引擎	62398	82.9%	57511	82.7%	8.5%	63956	82.8%	60238	82.4%	6.2%
	网络新闻	61959	82.3%	57126	82.2%	8.5%	64689	83.8%	61390	84.0%	5.4%
	地图查询	46504	61.8%	43123	62.0%	7.8%	49247	63.8%	46166	63.1%	6.7%
	在线教育	11890	15.8%	9798	14.1%	21.3%	15518	20.1%	13764	18.8%	12.7%

① 用户年增长率=(2017 网民规模人数-2016 网民规模人数)/2016 网民规模人数

续表

类型	应用	信息移动消费					PC 消费				
		2017 网民规模(万)	2017 网民使用率	2016 网民规模(万)	2016 网民使用率	用户年增长率①	2017 网民规模(万)	2017 网民使用率	2016 网民规模(万)	2016 网民使用率	用户年增长率
网络娱乐	网络音乐	51173	68.0%	46791	67.3%	9.4%	54809	71.0%	50313	68.8%	8.9%
	网络视频	54857	72.9%	49987	71.9%	9.7%	57892	75.0%	54455	74.5%	6.3%
	网络游戏	40710	54.1%	35166	50.6%	15.8%	44161	57.2%	41704	57.0%	5.9%
	网络文学	34352	45.6%	30377	43.7%	13.1%	37774	48.9%	33319	45.6%	13.4%
商务交易	网络购物	50563	67.2%	44093	63.4%	14.75%	53332	69.1%	46670	63.8%	14.3%
	网上支付	52703	70.0%	46920	67.5%	12.3%	53110	68.8%	47450	64.9%	11.9%
	网上银行	37024	49.2%	33357	48.0%	11.0%	39911	51.7%	36552	50.0%	9.2%
	旅行预订	33961	45.1%	26179	37.7%	29.7%	37578	48.7%	29922	40.9%	25.6%
	网上理财	6680	9.6%	4871	7.0%	37.1%	12881	16.7%	9890	13.5%	30.2%

数据来源:中国互联网络信息中心《第 39 次中国互联网络发展状况统计报告》和《第 41 次中国互联网络发展状况统计报告》。

① 用户年增长率=(2017 网民规模人数-2016 网民规模人数)/2016 网民规模人数

在一个单纯的物理宇宙之中，而是生活在一个符号宇宙之中①。”移动互联网把物理空间压缩为无限小，而把数字空间扩展至无限大。在信息移动消费过程中，绝大部分用户自愿使用真实姓名、真实 ID，可信度较高；而网络信息消费通常是匿名的，可信度低。而且与单调、呆板的 PC 语言相比，移动网络的提示语言“没有网络啦！主人！”、“亲，已经没有最新视频咯，期待有惊喜哦！”……则更加形象生动，有亲切感，易于被用户接受。

（5）安全性。

移动互联网带来的便利使得人们对信息移动消费的兴趣大增，正以其无可比拟的优势逐渐渗透到人们生活、工作的各个领域。与网络信息消费相比，信息移动消费的安全性令人堪忧。比如通过二维码识别微信号和进行微支付功能，二维码是通过扫描使用的，而不能像网址或是网络链接一样直接打开。也就是说，由于二维码无法通过肉眼辨别真假，这就会为不法分子创造了趁虚而入的机会。而且信息移动消费不但能够给人们带来各种享受，同时还存在很多的钓鱼网站、恶意攻击等消费陷阱。一些不法分子在公共场所搭建免费 WiFi 网络陷阱，当用户觉得“运气不错”，连接上网时，就会被即时窃取到所有的上网记录，尤其是个人账户信息和密码，导致无法挽回的财产损失。

风险感知是一个搜集、选择、理解危机信息并作出反应的过程②。不同用户对风险性的感知程度有很大差异。图 2-9 描述了风险感知的两个维度，即恐惧风险维度和未知风险维度。用户由于性别、年龄、种族、职业、受教育程度、人生经历、社会地位等不同，获取信息、处理信息的能力存在很大差异，对风险的认知能力有差别，应对风险的态度也不同。年轻人趋于低估风险性，移动设备 24 小时处于在线模式，在移动 SNS 网络，消费者不但可以保持

---

① 黄正泉．社会和谐的文化生态学研究导言［J］．湖南社会科学，2009，02：1-8.

② 王飞．风险感知视角下的公众防护型行为决策研究［D］．合肥：中国科学技术大学，2014.

原有社交网络规模，还可以借助手机通讯录迅速蔓延推广，并且由于信息传播是基于真实的社会关系，信息更具说服力和可信性①，将个人隐私暴露于潜在的全球观众面前；在线状态下接通手机，手机界面上就会出现呼入号码的基本信息，陌生号码可以识别号码归属地，如果是推销电话，还会显示“5266 人标记为广告推销”或是“3657 人标记为吸费诈骗”等信息。

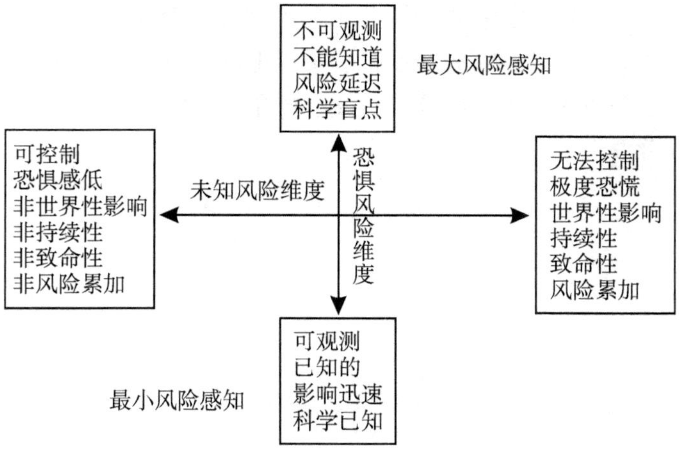

图 2-9 风险感知维度

在移动互联网高速发展的时代，移动互联网已经成为资金、技术、人才聚集的高地，成为发展最迅速、竞争最激烈、创新最活跃的领域之一。无线技术、移动通信技术、智能语音技术、二维码技术、防火墙技术、入侵检测技术、安全扫描技术、反病毒技术等不断发展和融合，能够较好地满足各类移动终端产品的要求，为移动应用提供流畅的用户体验，为移动支付创造了安全可信的交易条件。比如，时下流行的“滴滴打车”软件，被誉为最酷的“打车神器”，让用户的出行尽在“掌握”，再也不用顶着烈日或暴雨在马路

① 肖怀云，梅姝娥．基于互惠偏好的移动社会网络消费者推荐行为机制研究[J]．软科学，2013，27(11)：140-144.

边上去拦车了，也避免了被“拒载”的尴尬与窘境；而且进行线上支付，还可以避免假币、找零、丢钱等烦恼。

如同五百多年前印刷机的发明对社会与信息的相互作用产生了重大影响，今天互联网和数字技术由于更聪明、简单的计算能力，信息成为比以往更强大的商品，移动设备及其附带的应用程序使消费者获取信息的渠道更容易。伴随着网络、终端、安全和标准等关键技术的不断突破，移动应用已经覆盖人们日常工作、生活的方方面面，在 PC 端上能做的事情，在移动终端上都能办到了，在 PC 端上不能做的事情，在智能手机、平板电脑上也都能做到了。移动互联网逐渐成为了人们购物、社交、娱乐、搜索、记事、阅读、导航的综合性平台。

第3章　数字信息移动消费需求挖掘

3.1　问题的提出

WiFi覆盖提升、3G的成熟和4G的启用为移动消费者提供了更为优质的上网环境，移动媒体终端成为了人们用来联络、交流的新工具。与传统媒体相比，移动媒体以其独有的优势不断吸引着越来越多的用户选择其进行各种移动网络信息消费活动，移动搜索、移动电子商务、移动支付、移动阅读等不仅方便了人们的日常生活，优化了信息的获取方式、减少了信息获取的时间，更让整个世界因移动技术的进步变得更小、更透明。2018年4月份发布的《第十五次全国国民阅读调查报告》数据显示，自2014年成年国民手机阅读接触率首次超过50%(达到51.8%)以来，成年国民手机阅读接触率一直保持增长势头，2017年达到71.0%；2017年成年国民选择通过手机上网的比例为77.9%，远远高于通过电脑上网的比例(40.3%)①。在科技、经济等社会环境的快速发展与快节奏的生活进程中，移动互联网的规模和应用领域不断扩展，移动信息消费用户的来源更加广泛，用户的信息需求也具有更大的动态性，信息需求也更加多样化。如何在移动互联网稳步发展的同时又满足用户需求，成为了移动信息服务供应商长足发展所面临的重大问题。

马斯洛的理论告诉我们，无论是最基本的生理需要还是最高层

① 路艳霞．全国国民阅读调查结果昨天发布 仅一成国民一年读书超十本[N]．北京日报，2018-04-19(11)．

次的自我实现，每个人都会有多种基本需要，这些需要都需要物质和信息来提供，可以理解为每个人随时随地都会有各种不同的信息需要。比如早晨起床可能需要天气信息、路况信息等；出门旅行可能需要地理信息、航班信息、车次信息、景点信息、酒店信息等；科研活动可能需要课题的相关信息；等等。所以，每个人随时随地都会有各种各样的信息需要，随时随地都会有满足信息的欲望。用户的个体差异导致了信息需求的个性化，影响到对信息需求的认识和表达，以及对所获信息的开发和利用。而且，用户对高质量的信息内容提出了越来越强烈的要求。为此，如何为用户提供更加优质、个性化的信息内容，满足用户不断增长的个性化需求？如何实现对信息资源高效、合理的开发利用？如何去发现信息移动消费行为背后的主要影响力量？并且如何设计营销策略来引发并满足消费者的需要？是亟待研究和解决的现实问题。

在情报学、图书馆学等领域，学者们从一般意义上对用户或个体的信息需求内容进行了较为广泛的探讨，并从心理维度将信息需求划分为功能性需求和非功能性需求，这一观点得到了人们的普遍接受。信息移动消费需求作为信息需求的一种，具有信息需求的一般特征，但是由于信息移动消费活动本身的特殊性，信息移动消费需求有其特殊性。毋庸置疑，用户的信息需求对信息行为有着巨大的导向作用。用户的信息需求往往直接决定了其信息行为，而用户在进行信息行为的过程中，往往也会对自己的信息需求产生各种疑问或建议，令用户重新构建、反复理解、优化、隐藏、激发或回归自己的信息需求，并继续引导用户的信息行为。

本章从动机理论出发，探讨了数字信息移动消费行为的动机类型、动机发现的过程，挖掘了移动互联网用户信息消费行为的关键需求，在此基础上分析数字信息移动消费需求的类型与层次。通过挖掘数字信息移动消费用户的信息需求，可以更准确地认识用户需求，进而改善和提高数字信息服务质量，在信息服务中不断推陈出新，向用户提供更具针对性和个性化的服务，提高网络信息开发与利用的整体水平。

3.2 数字信息移动消费的关键需求

移动互联网①的便捷性和移动设备的轻便性，让人们有了随身的网络链接，许多人都成了数字信息的移动消费者和生产者②。无论我们是坐卧休息，亦或是忙于他事，都能与家人和朋友一直保持沟通和联系。而且，移动互联网还能够根据用户的需求将信息进行准确定位，即使用户不能正确认识、理解和准确描述、清楚表达自己的信息需求，移动互联网可以将电子地图、用户位置以及用户关注的信息三者结合，对用户关键信息需求进行深度挖掘，对其信息需求进行明确感知、准确定位和清楚描述，有助于满足用户的核心需求。

为了深度挖掘数字信息移动消费用户的关键需求，本书把 PC 台式电脑上进行的信息消费活动与通过手机、iPad 等移动终端进行的信息消费活动涉及的所有项目尽可能罗列出来，具体功能对照如表 3-1 所示。由于大部分应用软件本身都是同一家公司开发的信息产品，前期在平台应用上还有所功能侧重，随着移动互联网的壮大，越来越多的功能在很大程度上是重叠的。PC 台式电脑在应用的深度上占优势，移动设备在便捷性上占优势。去掉两类终端都可以实现的信息需求，即相同的应用内容，选取目前用户规模呈快速增长趋势的几种关键应用，就得到了数字信息移动消费的关键需求。具体包括：用户使用移动互联网的最主要目的是对日常信息的获取，使用移动搜索应用来满足习惯性动机；其次是即时通信的需求，各种新颖的即时通信软件层出不穷，极大地满足了用户信息交流的需求；再次是虚拟社区的需求，用户的信息需求不只是对网络

---

① 中信通信公司在《移动互联网技术发展白皮书》中认为："狭义的移动互联网是指用户能够通过手机、PDA 或其他手持终端通过通信网络接入网络。广义的定义是指用户能够通过手机、PDA 或其他手持终端以无线的方式通过各种网络(W-LAN，WIMAX，GPRS，CDMA 等)接入互联网。"

② 约翰·荷里甘著；刘博译．美国全民移动上网时代已经来临[J]．国外社会科学，2010，(02)：159.

信息的简单获取，而是越来越多的向着交互式的信息发展；移动阅读也在用户信息需求中占有很大的比例。用户对移动互联网提供的金融服务、医疗服务和旅游服务热度不高，当涉及个人身体和财产安全时，信息移动消费用户会表现出一定的警惕性。

表 3-1 **信息消费终端需求差别对比**

类型	应用	PC 功能	手机/平板功能	需求差别
实务类	文档办公	编写文档	记事	PC 上办公、文档、专业软件类使用比例更高
	专业软件	使用应用软件办公	—	
	系统管理	编程、远程访问等	—	
信息类	搜索引擎	查询资料	查询资料	碎片时间决定的媒体形式(文字/语音/视频)不同
	即时通信	工作	社交，如微信上音频、视频聊天较多	
	电子邮件	收发信息	接收信息	
	论坛/BBS	社交	虚拟社区，交流	
	微博	社交，传播范围广	被微信、QQ 等即时通信软件取代	
文化类	网络新闻	获取渠道广泛	转发接收新闻	手机、平板文字输入不便，信息消费量/生产量，接收较多，制造较少
	网络文学	品种齐全，选择面广	推送热门文学作品	
	网络音乐	在线播放、下载	离线播放	
	网络视频	在线播放、下载	视频离线播放	
	网络游戏	联网、多人	离线、单机	
消费类	网上支付	支付程序繁琐	红包、扫码支付	PC 上方便进行性能、价格等信息的对比
	网络购物	选择、对比	选购，低价吸引	
	旅行预订	选择、对比	网页浏览不便	
理财类	网上银行	查询、转账	免费转账	验证/加密方式差异(如扫码)
	网上炒股	交易	关注信息	
	互联网理财	交易	关注信息	

3.2.1 移动搜索需求

移动互联网好比一个信息大海，需要有“导航者”，移动搜索就起到这样的作用。在计算机技术、通信技术不断发展和智能手机迅速普及的同时，移动搜索业务也风生水起。移动搜索一般服务于两类用户：功利主义和享乐主义，即在紧急的情况下需要满足信息需求的人和消磨时间的人。满足随意的、动态的信息需求，比如收发邮件、查看新闻、天气、购物信息等，用户使用移动搜索更倾向于获得答案和直接可用的结果。虽然移动搜索要受到输入受限、屏幕小、不支持滚动条、流量费等负面因素的影响，但还是满足移动设备的用户查询在它们附近的产品和服务的很好途径。CNNIC 的最新调查数据显示，我国移动搜索用户规模增长到 6.24 亿，网民中利用过该应用的用户比率高达 82.9%，是继即时通讯之后使用率第二大的移动基础应用①。

随着移动搜索企业产品内容与形式的多样化发展，提高搜索精准性，创新应用模式，拓展流量渠道，优化用户体验，移动搜索用户规模还会持续增加。2012 年 8 月 7 日，户外媒体百灵时代旗下移动互联网业务闪播网正式上线，覆盖广州城区 2200 辆公交车以及北京、广州、重庆三地共三个机场。平均每天的用户点击量将近 27 万人次，最高纪录则超过了 300 万人次。闪播网主要以资讯、娱乐、生活为内容方向，包含热点资讯、电子书、音乐、网络剧、微电影、电影片花等，是在做一个碎片化整合的过程。旨在成为可让用户随时随地通过 WiFi+3G 的方式实现在线娱乐、互动、购物等应用的一体化移动搜索服务平台。

获得移动互联网最佳应用奖的 UC 浏览器是全球最大的第三方手机浏览器，具有网址导航、资讯、搜索等功能。UC 浏览器是移动互联网软件和服务的提供者，支持 11 种语言包括英语、俄语等，

① 中国互联网络信息中心．第 41 次中国互联网络发展状况统计报告[EB/OL]．[2018-05-09]．http://www.cnnic.cn/hlwfzyj/hlwxzbg/hlwtjbg/201803/t20180305_70249.htm.

全世界的用户总人数 5 亿多，分布于 150 个以上的国家，同时也是印尼第一大手机浏览器。2014 年 6 月，UCWeb 与中国最大的电子商务公司——阿里巴巴集团合作，并组建移动事业群，已投资改善 UCWeb 的移动搜索服务，将阿里巴巴集团旗下的搜索平台整合到了"神马"，此举可能挑战在纳斯达克上市的中国最大的整体搜索领导者——百度。"神马"已经集成了阿里巴巴目前的生态系统，允许用户搜索和购买在本公司平台(包括支付宝、淘宝和淘宝商城的电子商务站点)的产品。

移动搜索不仅仅拘泥于网页、网站形式，更是涌现出一批具有代表性、综合性功能的 APP 应用，例如：手机淘宝、搜狐新闻、手机百度、今日头条、美团、饿了么、高德地图等，这些应用分类精准、信息全面、简单易用，大大缩减了用户的检索时间和范围，很好地迎合了用户的需求。移动搜索以碎片时间使用为主，与工作学习关系相对较小，而与生活娱乐的关系相对较大，重在了解感兴趣的信息。个人在社会方面所表现出来的兴趣、爱好、观念以及参加活动的方式等决定了其信息移动消费动机。习惯通过某个网站或是某种搜索引擎查找某类资源，比如大部分用户习惯通过百度搜索引擎进行自然语言简单查询，而很少使用高级搜索功能，更不会通过缩小查找范围进行二次选择。人们用日常语言进行简单的检索，如网上购物、查询和预约图书馆藏书、查询列车时刻表等。

3.2.2　即时通信需求

CNNIC 的最新调查数据显示，我国移动即时通信用户规模增长到 6.94 亿，网民中利用过该应用的用户比率高达 92.2%，是网民使用率最高的移动基础应用①。随着即时通信工具不断尝试连接用户生活中的各方面需求，整合地理位置信息、通讯录等功能，网

① 中国互联网络信息中心．第 41 次中国互联网络发展状况统计报告［EB/OL］．［2018-05-09］．http：//www.cnnic.cn/hlwfzyj/hlwxzbg/hlwtjbg/201803/t20180305_70249.htm.

络游戏、网络视频、电子支付、购物、理财等产品入口都可以通过移动即时通信用户登录，例如京东商城、滴滴打车、优酷视频等移动应用已经相继接入了微信和QQ的服务平台，可以为用户提供更多有价值的服务，未来即时通信网民规模还将继续呈现使用率稳步增长的态势。

(1)微信。

从微信的发展历史来看，按不同发展主题可以将其划分为3个阶段：第一阶段的主题是即时通讯，微信1.0的快速消息功能冲击了传统的短信业务，2.0版增加了语音对讲功能，奠定了微信的雏形；第二阶段以社交网络为主题，微信3.0推出了“摇一摇”和“漂流瓶”的服务业务，满足一部分用户渴望与附近、周围的陌生人交流的需求，开启了陌生人社交模式，微信4.0的新功能朋友圈搭建了熟人好友之间的交流沟通平台，之后公共平台的发布更是成为了微信用户的公共信息服务平台；第三阶段的主题是商业化，以微信5.0为代表，微信5.0的横空出世最为重大的意义在于其重新定义了盈利框架，通过微信支付、游戏中心、公共账号分类等应用打造了三大平台——支付平台、游戏平台和社交平台，三大平台构筑了微信全新商业化模式的基石。微信的发展简史与各阶段主题及应用如下表3-2。

表3-2　**微信的发展简史与各阶段主题及应用**

阶段划分	阶段主题	主要版本	典型应用
阶段一	即时通讯	2011/1/21 微信1.0 2011/5/10 微信2.0	快速消息 语音对讲
阶段二	社交网络	2011/10/1 微信3.0 2012/4/19 微信4.0 2012/7/19 微信4.2 2013/2/15 微信4.5	摇一摇 漂流瓶 朋友圈 公共平台

续表

阶段划分	阶段主题	主要版本	典型应用
阶段三	商业化	2013/8/5 微信 5.0 2014/1/28 微信 5.2 2014/9/30 微信 6.0 2015/1/21 微信 6.1 2017/12/28 微信 6.6	微信支付 游戏中心 公共账号分类 智慧生活

微信的免费短信、语音留言、发送图片等基本功能，直接冲击了三大通信运营商的传统短信、彩信等业务。微信成为中国乃至世界最大的移动互联网平台级应用。技术的进步是为了不断满足用户的需求。微信公众平台最初是为了帮助企业实现与客户之间的沟通、互动，是微信商业化的表现，后转化为一种新的营销方式，被党政部门、事业单位、社会团体所接受和采用。截止 2014 年底，各级政府已经在微信上开通了近 2 万个公众账号面向社会提供各类服务①。此外，广州、深圳和佛山率先成为微信“智慧城市”，有 91 万广州市民通过微信上的“城市服务”入口获得医疗挂号、交通查询、公安户政、教育、违章缴费、社保缴费、公积金、天气查询等 17 项民生服务。②

(2)手机 QQ。

微信和手机 QQ 长期占领着移动即时通信工具的第一阵营。手机 QQ 是由 PC 客户端迁徙而来，是 PC 端的延续。其应用功能与微信求同存异，产品特色、用户人群、使用场景、社交价值和盈利模式等方面都略有差异。手机 QQ 多图片、多群聊、少语音，提供多人即时视频对话，联系人以陌生人居多，私密性不够，主要依靠增值服务和游戏业务盈利。手机 QQ 有上线、下线、隐身的区别，

① 申明．用“互联网+”改造传统行业[N]．科技日报，2015-03-10(13).

② 帅鹏坤．首个微信“智慧城市”落地广州[N]．羊城晚报，2015-01-22(A7).

可以一键消除未读信息提醒，“动态管理”模块中的“兴趣部落”，可以让消费者轻松定义自己的兴趣点，进行个性化信息定制。

(3)易信。

易信是由网易与中国电信联合开发，并于2013年8月19日公布的一款移动即时通信软件。由于产品发布时间比微信晚两年，虽然功能上有很多相同的地方，用户量却有天壤之别。易信的软件优势体现在自主开发建设音乐曲库，支持跨网、跨系统的短信、电话留言服务，易信3.0还新增了免费电话，简化了接收信息的方式，用户的使用门槛更低。但是易信在社交功能方面没有提供类似“摇一摇”、“附近人”等应用，而且通过手机通讯录强制导入联系人信息，不能设置朋友圈权限，用户没有真正的选择权和个人隐私权。

从发展阶段来看，易信目前处于微信的第二阶段——社交网络，而且功能还不够完善，对用户的吸引力不够。网易本身就擅长游戏开发，却被微信以游戏实现商业化占了先机。微信以用户拉游戏，易信以游戏拉用户。可以说，易信的商业化之路原本比微信更有竞争优势，在发展战略上既要采用拿来主义，也要采用服务差异化营销，深度挖掘用户的潜在需求，推出更多可以产生用户黏性的强功能产品。

(4)其他。

即时通信一直是移动互联网上较为流行的实时交流方式，二维码、智能语音、移动云成为这一应用领域的亮点，各种各样的即时消息软件不断涌现。诸如，Facebook、飞信、陌陌、来往、旺信、微爱、微密、钉钉…… 这些即时通信软件主要以寻求用户关系差异化作为产品服务的突破口，满足用户在移动社交中的真实欲望，产生更大的吸引力，错位竞争争取用户。比如Facebook只限年满13岁的用户使用，具有严密的隐私防护功能，可以自行设定信息公开等级；飞信是与用户的手机号码绑定，安全性、可靠性高，适合商务人士使用；陌陌主打陌生人社交和兴趣圈子，满足用户简单的交友、倾诉需求；来往、旺信都是阿里巴巴面向淘宝消费者的社交产品，具有扎堆、涂鸦、阅后即焚、多人群聊等特殊功能，可以满足不同用户群体的不同需求；微爱是一款专为情侣量身定制的软件，提供二人世界的生活空间，记录微爱时光，见证情侣生活，参与情侣游戏，实现情侣愿望；微密是一款匿名软件，大家相互不清楚对方身份，可以密聊，也可以分享秘密、八卦、段子、笑话等劲爆内容，满足用户强烈的好奇心；钉钉则是阿里巴巴专为企业用户而设计；等等。

3.2.3　虚拟社区需求

虚拟社区(Virtual community)又称为在线社区(Online Community)或电子社区(Electronic Community)，美国著名评论家哈伍德·瑞格尔德(Howard Rheingold)将其定义为："一群主要藉由计算机网络彼此沟通的人们，他们彼此有某种程度的认识、分享某种程度的知识和信息、在很大程度上如同对待朋友般彼此关怀，从而所形成的团体。"①团体成员相互之间虽从未谋面，但基于共同或相近爱好、经历、价值观等形成相对较强的、直接的、紧密的、经常的、积极的关系，而且成员通过社交分享，能够形成病毒性传播，进而带来更多的成员，方便他们彼此交流和沟通。

在现实社会，同学、朋友好不容易聚在一起，每个人却都盯着自己的手机，对现实世界的人和事"熟视无睹"，与虚拟世界的人聊得火热。又或者，男人见面聊的都是生意和赚钱，女人见面聊的则是美容和服饰，而在微信里面转发的最多的都是心灵鸡汤和人生智慧，互换信息、互通有无，分享自己的点滴生活体会与感悟，或是转发有共鸣的文章。虚拟世界里大家都彬彬有礼，相互尊重，可以看到很多和谐、感人的"画面"，激发出大家的正能量，影响和重塑用户行为。人们希望通过虚拟社区来证明自己的存在，寻求一种积极的人际关系氛围，实现自我认同，提升自己的价值。

在虚拟社区里，一方面用户可以随意起名字，用户身份具有匿名性和符号性，用户的姓名、性别、年龄、职业等信息都是不真实的。所以网络上流行着一句笑谈：坐在屏幕另一端和你聊天的也许

① 刘琦．基于使用与满足理论的虚拟社区用户忠诚度研究[D]．西安：西安电子科技大学硕士论文，2013：7.

是一条狗。另一方面，虚拟社区的成员都是自愿参与的，相互之间是平等的，有共同的兴趣、目标，言论自由，信息共享，非面对面交流，不受时空限制，在这里什么都可以随便聊，没有身份约束，没有畏惧。不像现实空间里，人际关系复杂，要严格区分每个人的身份、长幼、级别、职业、地位等，还会受地域、距离等空间限制，而且普通会有一些交流禁忌。

在社会学的社会网络分析理论中，有一个概念叫“派系”，它是区别于家庭、班级协会等正式群体的一种非正式关系，但它可以把人们联络成具有共同规范、价值、导向和亚文化的凝聚子群(subgrouping)①。人们基于行为共性、文化共性、价值取向等形成不同的“圈子”，不同的“圈子”实现人们不同的诉求。这里的“圈子”也是虚拟社区存在的一种形式。当人们在网络世界里的各种圈子中生存时，网络世界对他们的影响也越来越深刻，有些圈子的影响主要表现在对意见、态度、行动的短期影响上，有些圈子的影响则体现在对价值观、行为方式、表达方式、思维方式等的长期影响上。

3.2.4 移动阅读需求

移动阅读是移动互联网下一种新型的阅读方式，对于读者来说，它是一种简单便捷的阅读体验；对于电信运营商和阅读内容服务提供商来说，它则代表着一种新的商机。2018 年 4 月份发布的《第十五次全国国民阅读调查报告》数据显示，2017 年成年国民手机阅读接触率达到 71.0%，较 2016 年的 66.1%上升了 4.9 个百分点②。近年来，我国成年国民手机阅读时长稳步增长，在 2014 年首次超过了半个小时，达 33.82 分钟；2017 年成年国民人均手机接触时长翻倍，达到 80.43 分钟。在成年手机阅读接触者中，超过

① [美]约翰·斯科特著；刘军译．社会网络分析法[M]．第 2 版．重庆：重庆大学出版社，2007：84.

② 路艳霞．全国国民阅读调查结果昨天发布 仅一成国民一年读书超十本[N]．北京日报，2018-04-19(11).

六成的人(63.4%)进行过微信阅读。成年微信阅读接触群体人均每天微信阅读时长超过 27 分钟。聊天、查看朋友圈这两项活动是成年微信阅读接触者的主要选择，选择比例均超过 80%。而与阅读相关的活动也是很多微信阅读接触者的主要选择，看新闻、阅读朋友圈中分享文章、阅读公众订阅号发布文章的选择比例分别为 72.9%、67.1%和 20.9%。社交阅读是推动全民阅读的有利推手，同时，内容上以碎片化、浅阅读为主，不能取代传统纸书阅读在内容上深刻和系统性的需求，浅阅读与深阅读，碎片化阅读与系统化阅读协调发展是我们面临的挑战。

阅读——读书看报，从来是文化消费的基本方式，书报则是阅读的最基本的媒介。但是，随着移动互联网的到来和普及，移动阅读正逐渐被消费者所接受。人们的阅读媒介除了纸质，开始出现移动终端。这种移动终端上的阅读，主要表现在使用手机阅读，电脑或平板电脑阅读，或使用专业电子阅读器阅读，其中手机阅读最为大众所接受。消费者阅读方式的改变不仅会给电信运营商和内容服务提供商带来商业契机，而且也会给传统报业、出版社、高校图书馆的管理带来改变。要利用移动互联网的特点来推动线上线下阅读的结合，要继续推动数字阅读与纸质阅读的结合和平衡，避免过分的娱乐化和碎片化。

随着移动互联网的普及，移动设备让读者将图书馆随身带在身边。互联网之父温特·瑟夫(Vint Cerf)当问及对图书馆未来发展的看法时，瑟夫认为信息存储和传承的方式将会有所改变："你不知道我多么迫切地希望图书馆这一概念不会消失，它是不可或缺的。然而，事实上图书馆将存储更多种类的资料，数字内容也将逐步增多。我十分担心数字化内容存储至一千年之后，由于其软件无法获得或者不可使用，抑或没有运行的平台，后世根本无法理解这些内容的含义。这是一个十分严峻的问题，我们必须进行解决。我们应该支持数字化，也应当利用好手边的实物资料。"①

① 互联网之父：担心数字化内容千年后无法读取[EB/OL]. [2013-07-15]. http://tech.ifeng.com/internet/detail_2013_07/15/27505598_0.shtml.

国外以日本、韩国、芬兰、英、美等国为主，自2000年开始陆续推出了图书馆移动服务①。日本富山大学图书馆于2000年9月开发出i-mode手机书目查询系统，东京大学图书馆于2001年5月开通i-mode手机书目查询系统；芬兰赫尔辛基技术大学图书馆于2001年6月推出手机短信服务和WAP网站服务，韩国西江大学图书馆于2001年7月推出用手机可以查阅图书馆资料的移动图书馆②，英国汉普郡图书馆通过无线应用协议(WAP)网站为手机用户提供该郡54家图书馆的详细地址、联系方式、开放时间等信息服务，美国迄今已有联机计算机图书馆中心(OCLC)、俄亥俄州图书馆、纽约大学图书馆、弗吉尼亚大学图书馆、俄勒冈州立大学图书馆、里士满大学图书馆、华盛顿DC公共图书馆等众多的图书馆开展了移动信息服务。

国内图书馆移动信息服务最先起源于为读者免费提供手机短信超期提醒。读者只能单向、被动地接受图书馆的延时信息服务，不能与其他读者之间进行即时交流和互动。图书馆2.0是web2.0的技术或服务在图书馆信息服务中的应用③。而且，图书馆2.0改变了图书馆信息服务的方式，扩大了图书馆信息服务的范围，即时查询、即时检索、即时咨询、即时阅读等需求得到满足，读者可以主动选择所需信息内容和类型，定制个性化服务，也可以将自己原创作品与其他读者进行交流、互动。

正如腾讯公司高级副总裁张小龙所言：“微信可以为整个业界提供很好的一个通信开放平台，让所有的第三方都能够把他们有价值的应用通过这个平台来接触到更多的用户。”④因此，图书馆微信

---

① 茆意宏．面向用户需求的图书馆移动信息服务[J]．中国图书馆学报，2012(01)：76-86.

② 谢强，牛现云，赵娜．移动数字图书馆服务体系研究[J]．图书情报工作，2013(04)：6-10.

③ 范并思，胡小菁．图书馆2.0：构建新的图书馆服务[J]．大学图书馆学报，2006(01)：2-7.

④ 汪叶茂．微信成立事业群 意在打通O2O通道[N]．深圳晚报，2014-05-09.

公众号的出现将高校图书馆资源与微信平台进行对接，将图书馆活动通知、信息公告、好书推荐、讲座课表等信息第一时间推送给读者，还可以将图书馆的资源推送给读者阅读，将图书馆服务以最便捷的方式带给读者，为读者提供了独特和广阔的平台与机遇。读者不用下载任何客户端，通过图书馆官方微信界面即可进行图书馆信息查询、资源在线全文阅读、图书借阅与续借、馆藏资源检索等，完成信息的有效传播。微信平台与图书馆 OPAC 系统的无缝对接，让图书馆服务围绕在读者身边，也让图书馆服务延伸至读者的日常生活之中，让阅读更加健康。

此外，随着网络交易实名制的推进和网上交易市场诚信体系的建设，商务交易、金融理财类的移动应用也逐渐被越来越多的用户所接受，成为新的增长点；而博客/微博类的个人信息发布平台则逐渐被其他社交应用所替代。

3.2.5　数字信息移动消费需求的层次

信息消费始于信息需求，信息需求是引发信息消费的原动力，是信息消费的四个基本阶段之一①。移动环境下的信息需求是引发信息移动消费的原动力②。需求是内因，没有内在需求，外在刺激产生的效果将会为零。信息需求具有明显的层次性。消费者用户的信息需求是由个人环境的背景决定的，用户行为是受单纯的需求所驱动的，但是不同的信息需求层次会驱使用户消费不同层次的信息内容。

(1)降低成本。

行为既包括心理活动也包括实际活动，心理、情感活动所耗费的是心理成本，实际活动所耗费的则是物质成本和时间成本。对于消费者的免费信息移动消费行为来说，行为成本也就包括心理成本

---

①　信息消费的过程包括信息需求、信息获取占有、信息吸收处理和信息创造四个基本阶段。

②　杨佳怿．网络信息消费行为分析[J]．商场现代化，2007，(11)：5-6.

和时间成本。信息消费者在移动环境下受到某种启发或激发而临时产生的信息需求，比如查询交通路线或是附近餐饮信息，消费者对信息的表现形式要求不高，而对信息内容的反馈时间有极高要求，消费者期望在最短的时间内获得情感满足，即消费者付出的心理成本和时间成本越低越好。

而且这一层次的信息需求是会随时发生变动的，受周围环境的改变而不断变化，多在有时间而无事可做的时候，为满足沟通、娱乐、休闲、消遣、商务以及打发碎片化时间。信息移动消费者抓紧片段时间阅读(天气信息、交通信息、时事新闻、地图导航等)、娱乐(音乐、视频、游戏等)，以获得感官上的愉悦与情感满足，是一种隐性的、模糊的、无意识的信息需求。移动互联网无处不在、无时不有，用户甚至可以蜷缩在床上使用，"随时、随地、随心"免费获取信息是信息移动消费者所追求的最基本的需求层次。

调查显示，"等待"过程是智能手机用户最频繁地访问常规媒体网站获得信息的时段，拥有智能手机的用户常常不自觉地刷机、玩游戏、看电影等，大量用户在起床时段、观看电视和用餐时段使用平板电脑访问媒体网站，用户使用移动设备的主要场所是在公交车上、火车上等公共场所，利用碎片时间保持与他人的联系、了解感兴趣的信息或是进行休闲娱乐活动，对信息实时性的要求颇高。基于节约时间成本的考虑，用户喜欢在家中使用智能手机和平板电脑访问媒体网站，进行网购、休闲娱乐等活动，而且用户倾向于使用某一个或某几个固定的搜索引擎、网站或是数据库进行信息查找，尽可能减少时间的支出。现在的年轻人比较喜欢"快速消费"，不停地点击网络链接，很少能静下心来认真阅读网页内容，更没有耐心等待网页缓慢打开。

以网上购票系统为例，使用移动设备的网络链接和传输的速度明显比台式电脑慢很多，而且信号不稳定，在不是很紧急的情况下，用户会选择通过台式电脑登录网上购票系统进行购票，而不会耐心等待移动终端页面的缓慢显示。虽然手机支付比台式电脑的网银支付要快捷很多，但风险性也大。基于时间成本的考虑，用户通过移动终端进行学术行为的也很少。因为，人们在虚拟图书馆中花费大量的时间仅仅是找到他们所需信息的途径，实际上他们找到这些途径所花费的时间与浏览他们找到的内容一样多。

随着智能手机普及和识码软件的不断涌现，网络搜索输入方式越来越丰富，语音、二维码扫描成为重要的搜索入口，很多即时通信、微博等也聚集了这些输入功能。二维码应用从微信、微博辐射到旅游、餐饮、超市、IT、电子商务、传媒、社交等领域，使多种媒体平台相互融合、转换。支付宝、淘宝、360 商城、聚划算、QQ 浏览器、UC 浏览器等网站都加入了二维码功能；从使用空间看，用户在移动环境下对有关地理信息、与地理位置相关的其他信息的需求以及与临近位置的其他用户进行交流等需求；搜狐视频实现了新浪、腾讯、人人网、百度、淘宝等第三方账号登录及互动分享的功能①，内容无缝连接，满足用户打发时间的信息沟通、信息获取、信息交流和娱乐消费的基本需求，极大地节省了用户的时间成本。

(2)知识追求。

随着物质文化生活的富裕，文化消费领域越来越重视娱乐消遣而忽略知识学习。但是，尊重科学、追求知识，是个人成长进步的前提和条件，只有用科学知识武装头脑，才能站得高、看得远，促进人类社会迈向更美好的生活。思想家斯宾诺莎把对知识的追求看作心灵的最高幸福②，因为对知识的追求，能够让我们的心灵保持平静快乐，不会受到苦恼的侵袭。信息移动消费者，尤其是企业、商业、金融、文化、科研等机构的从业人员，对知识表现出特殊的兴趣和热情，为了满足精神需求，通过主动寻找与个人认知相符合的新知识以充实自己。

“学然后知不足”。当前是知识爆炸的时代，信息移动消费者

① 官建文，唐胜宏，王培志．前景广阔的中国移动互联网[J]．传媒，2013，07：10-14.

② [荷兰]斯宾诺莎著，陈丽霞译．伦理学[M]．北京：光明日报出版社，2010：163.

可以随时随地充电，通过个人 Blog、Wiki、RSS、学科门户等工具获取新知识，使自身原有知识结构发生变化，形成新的知识结构，这种新的知识结构又可以产生新的信息。而且在知识积累、传播、更新的同时，信息移动消费者还可以成为移动信息资源的组织者和提供者，他们将与个人认知相符合的信息资源有序化并形成专题信息，进而创造个人信息世界，享受分享知识的乐趣，追求自我价值的实现。

知识是开启未来大门的钥匙。知识水平、经济收入越高者，其信息消费的欲望就越强烈，信息消费的层次就越高。智识水平指个人信息活动可以达到的智力和知识水平，在认知心理学中，比较接近的概念是“智识能力”(intellectual ability)，即在特定时间点上个人已经获得的认知技能的总和，包括认字与计算能力、语言能力、分析能力、信息检索能力等①。

(3)充实与发展。

庸人用物质享受麻木自我，智者用精神追求支撑生活。所以，一个不断上进、不断追求的人，肯定会活的很充实，知道自己心里真正需要的是哪方面的信息，随时有目的性地查找各类网络信息，调动自己的智慧和精力，把时间变成价值。理想与现实是有一定的距离的。知识是基础，反映的是一个人的现有水平；发展是方向、是目标，发展是硬道理。知识只有转化为发展能力，才能体现出其价值，才能实现理想的目标。世间万物都在发展，历史潮流推动我们去发展，在充实中发展，在发展中充实。

工欲善其事，必先利其器。用户通过智能手机、IPAD 等终端可以充分利用碎片化时间即时获取有用的非学科专业知识，补充欠缺的特定知识，提升自己的知识修养，充实自己的知识仓库，提升生存的智慧，充分发挥和发展个人的价值与潜能。比如在等候或是乘坐公交、地铁的时候，用户可以使用移动终端上的畅读、爱阅

---

① Prins F. J, Veenman M V J, Elshout, J J. The impact of intellectual ability and metacognition on learning: New support for the threshold of problem activity theory [J]. Learning and Instruction, 2006, 16(4): 374-387.

读、每日美文、懒人听书等应用程序，利用“随身的图书馆”提供的智能推荐功能，实现个性化阅读，养成微阅读习惯，把“无聊”变成充实，让零碎的“微时间”变得有价值。

2015 年年初，国内首个地铁图书馆在北京正式开启，乘客在地铁站、地铁列车上，通过手机扫描车厢内推荐图书的二维码，就可以享受阅读的乐趣，增加公共设施的人文气息和文化内涵，让阅读和知识都“动”起来，“活”起来，让知识、信息、文化和每个人随行相伴，让阅读和学习成为大众生活中的常态(如图 3-1、图 3-2 所示)。随之各地的地铁图书馆相继出现，2017 年世界读书日深圳市第一家地铁图书馆亮相；2018 年“4 · 23”世界读书日石家庄建成的 8 个地铁图书馆于同时向读者开放。

图 3-1　北京首个地铁图书馆

(4)社会认同。

正如第二代互联网之父 Doug. Van Houweling 所说：“下一代互联网民们将真正参与到网络中来，每个人都能为网络的资源和功能扩展做出自己的贡献。”①信息消费者不仅可以十分方便地从移动互联网上获取信息资源，而且可以满足人们表达、传播、分享的欲

① 互联网点对点(P2P)技术在国内的应用[EB/OL]. [2014-3-16]. http://www. c114. net/news/52/a57036. html.

图 3-2 乘客手机在线阅读地铁图书馆

(图片来源：吴文康摄．北京首个地铁图书馆[N]．中国社会科学报，2015-01-14.)

望，将自己的所思所想、创新观点或成熟理论成果以文字、图形、声音、视频等形式及时在网上予以分享和发布，以便于及时地与同行们或相似群体中进行互动和交流，提高自己被关注的机会，以获得社会公众的认同。

在现实社会中，人们往往执着于争取或保持积极的社会认同，进而提升社会声望和社会地位。虚拟世界中也是如此。移动互联网使用户可以时刻保持“在线”状态，这也是微博、微信会在极短的时间内成为重要的网络交流沟通工具的客观原因。“人过留名”是每个人都有的生存欲求。网络的神秘性使用户的创造力和想象力得到极大发挥，他们毫无约束地展示自我，志同道合者通过关注、收藏、评论、转发等使信息得以传播地更快、更广。通过信息共享获得更多人的关注和认可，产生强烈的自豪感和骄傲感，是移动环境下信息用户所追求的最高境界。

按照马斯洛的需求层次理论，人总是在满足了低层次的需求之后，才会将注意力转移到更高层次的需求上。移动环境下用户的信息需求也是由低层次逐步向高层次转变的，而且处于不同需求层次的用户的信息需求内容和重点也是不同的。新时期用户信息需求的特征是：信息用户趋向多元化；信息类型趋向全方位和多层次；信息内容趋向专深化；信息需求求新求快；信息获取手段自助化。用户的移动信息需求是不断发展变化的，是一种动态过程，是需求内容从模糊到清晰的过程。追求行为成本最低化是用户最基本的信息需求；充实与发展是比知识追求更高层次的信息需求。相对"知识追求"层次的信息需求，其目的性更强，对需求的信息内容更清晰；社会认同感属于情感需求，是最高层次的信息需求，而且会因得到满足而不断增强(具体见图 3-3)。此外，信息用户的需求空间无边界性，移动信息用户在不同时间段、不同情境下，既会有低层次信息需求，同时也会有虚拟社会自我实现的需求。

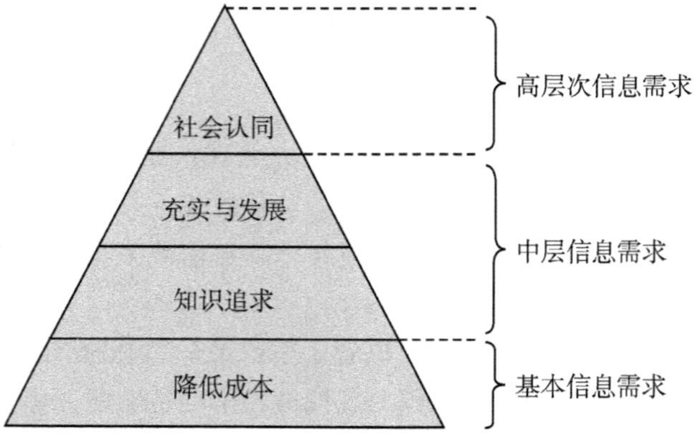

图 3-3　移动环境下的用户信息需求层次结构图

数字信息移动消费行为的良好发展是建立在对其用户的全面了解的基础上的，首先要了解目标群体的需求、喜好，才可以进一步发现和改善信息内容、传播方式等方面存在的不足。与此同时，数字信息移动消费的发展需要移动媒体终端设计商、移动内容供应商、政府和相关部门以及其他与移动媒体相互融合发展的行业共同改进并提出好的建议与对策，以移动互联网为平台，建立数字化的内容和渠道，为用户提供有价值的产品和服务，满足用户的需求。

3.3 数字信息移动消费动机分析

3.3.1 数字信息移动消费动机发现的过程

从心理学角度来讲，人的行为是由动机决定的，而动机是由需要支配的。需要是人积极性的基础和根源，动机是推动人类活动的直接原因。人类的各种行为都是在动机的作用下，向着某一目标进行的。需要是动机形成的内在条件，而同一行为可能是受不同动机驱动。当人产生的需要处于萌芽状态时，它以不明显的模糊的形式反映在人的意识之中，产生不安之感，这时人的需要以意向的形式存在。当需要增强到一定程度，而又未能满足时，心理上就产生一种紧张状态，这时，意向就转化为愿望。意向向愿望的转化，就是需要不断强化的过程。愿望只是反映了内心需要，是人活动的内在驱动力，由于还没有明确的对象(目标)，所以这种驱动力没有方向，还不是动机。在遇到可能满足需要、解除心理紧张的具体对象(特定目标)，并且展现出达到目标的可能性时，这种驱动力就有了方向，以愿望形式出现的需要就变为动机，推动人去进行某项活动。也就是，有一定强度的需要，还要有诱因条件(外部具体对象)，才能形成推动实际活动的动机(具体见图3-4)。

虽然数字信息移动消费用户的动机往往不会直接展现出来，但我们可以依然从用户的行为和反馈中进行推断和验证。要透过表面的用户需求，寻找用户这种需求背后的动机是什么，只有这样才能真正达到服务用户的目的。

数字信息移动消费看似是漫无目的的随机行为，其实有其内在的深层动机。以移动上网为例，50%的人认为，移动上网的重要性在于能够保持与他人的联系。46%的人认为能够及时获得最新资讯。17%的人认为能够在网上发布和分享内容①。这里的“重要性”

① 约翰·荷里甘著；刘博译．美国全民移动上网时代已经来临[J]．国外社会科学，2010，(02)：159.

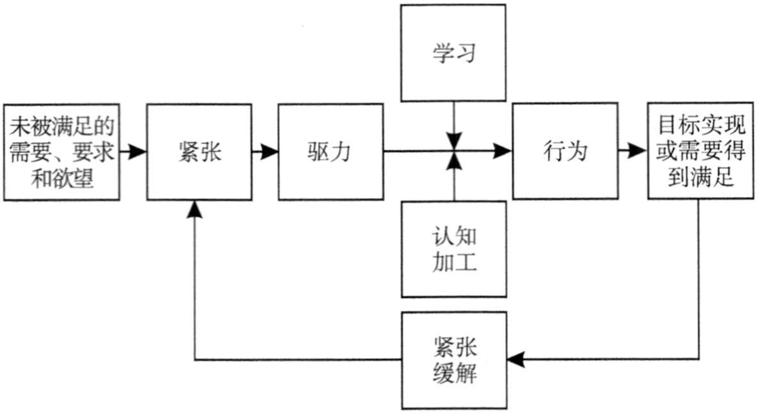

图 3-4 需求—动机过程模型

就是消费者进行移动上网行为的动机，“保持与他人的联系”属于习惯性动机，“在网上发布和分享内容”属于诱发性动机，“及时获得最新资讯”属于信任动机。本书从用户、信息提供商以及双方关联的角度来探究和发现数字信息移动消费动机。

(1)基于信息移动消费用户角度产生的习惯性动机。

无论男女老少，早上睁开眼就会打开手机，自动接入 WiFi，看看微信，刷刷微博，查查天气，关注好友动态。有数据显示，起床时段和晚上观看电视的时段是用户每天使用智能手机获得内容的高峰时段。网民从对网络的“上瘾症”演变为对手机的“依赖症”，手机不离手，上课、开会、逛街的时候都会下意识地查看有没有好友留言、信息更新等，都是习惯性动机使然。习惯性动机是一种本能，一种行为倾向，它可以满足用户潜意识中的隐性需求，具有方便、快捷、便利、省时省心等特点。

信息消费动机是用户生活、工作、心理等各方面因素结合作用的产物，是信息消费的出发点。信息移动用户随时随地利用智能手机和平板电脑获取信息成为了一种无意识的、非程序化的习惯性行为。而且用户这种不间断、频繁地信息行为还会强化习惯性动机，演化成一种仪式化的习惯性行为，形成一种心理依赖与心理惯性，消费利用时间越长，这种惯性也将越大。习惯性动机产生的信息行为一旦受挫、被质疑或尝试失败，就会导致动机驱力减弱，暂时放弃这种习惯性信息行为。

(2)基于信息提供商角度产生的诱发性动机。

中国传统的消费动机就是“随大流”，这种从众的消费心理导致不是需要什么就消费什么，而是周围的人群消费什么就跟着消费什么，因为别人有而自己没有就显得自己落伍了，有被鄙视之嫌，因此从众便成了惟一的选择。① 苹果手机的销售模式就是充分利用了中国人喜欢炫耀、爱面子的心理，使人们争相抢购。人在各种诱惑中成长，外在诱因对用户的影响程度，有一个被动、缓慢的过程。外部刺激物对消费行为的影响能力，可以产生积极、正面的效果，也可以产生消积、负面的效果。积极诱因促进突出表现，取得成就；消积诱因则可能导致有些人不思进取，哗众取宠，甚至产生毁灭性后果。

信息移动消费行为容易受求新、求名、从众等外部刺激和环境气氛的影响与诱导。周围有人坚持每天在朋友圈发布原创微信，是因为有关注的朋友喜欢和每天点赞，久而久之，这种写作兴趣就会由外在诱因转化为内在动力。信息移动消费行为的诱发性动机有名誉诱因，也有物质诱因，比如，很多商家热衷的“加关注送礼品”活动。但是人们往往不愿意把信息移动消费与物质需要联系在一起，而是以“新奇”、“好玩”为说辞。信息移动消费行为的外在诱因还与网络的连接速度、费用、安全性、方便性、稳定性等有关。网络游戏爱好者纷纷把游戏场所从网吧、台式机转移到手机、IPAD 上来，还有专门的手游交易平台提供专业、便捷、安全的服务。一旦过度沉溺于网络虚拟世界，造成个体抑郁、身心功能的减弱，形成冲动性控制障碍，俗称网瘾，就属于外部诱因过度刺激产生消极影响。

---

① 肖艳，马哲明．消费主体对信息消费的影响分析[J]．情报科学，2009，(07)：992-994.

(3)基于双方关联角度产生的信任动机。

在整个人类社会中，信任被认为是协调人类行为许多方面的一个重要因素。美国行为经济学家科林・F. 凯默勒(Colin F. Camerer)在行为博弈理论中强调信任是减少交易成本的一种方法。① 信任是指愿意接受基于积极的预期意图或另一个行为的脆弱性心理状态，相信对方会与之在某种风险活动中互惠，依靠他人的人预计将减少风险可能性或者在某些情境下的负面影响。信任是有风险的，因为投资者会因为没有获取足够的回报而对自己的委托行为感到后悔。信息消费以信任为基础，信任动机与信任能力有关。信任能力也就是信心，是由过去已经发生的信息行为结果和质量来决定的，与个体的专业知识、能力、正直、诚实、公平、可靠性等有关。相似的价值观、意图和目标将会增加信任动机的影响。物理相似性(即相同性别或年龄相仿)可能意味着一定程度上有相似的价值观，而且那些在性别和年龄方面同时有着相似性的顾问可能比起那些只有一个方面相似的会更受到别人的信任。

在信息移动消费行为中，存在亲缘关系、社会约束、交往程度以及其他许多重要的可以增进或弱化信任程度的因素，人们为了建立牢固的情感纽带和信任关系进行情感投资，表达真诚的关怀和关心伙伴的福利，借由彼此的互动沟通，逐渐了解和信赖对方，相信这种关系的内在价值，并相信这些情绪是有回报的。个人动机是信息需求的一个重要因素，而且当寻求信息的动机非常强烈时，知识鸿沟会缩小②。这些被信息行为加强的情感纽带是个人选择，而不是角色规定。个人基于感情和理智上的经验，把人际关心和担忧的行动内化为自己的利益，做出对自己有利或者无害的选择。当然，信任风险也是存在的，比如微信朋友圈转发的“寻人启事”，大部分启示内容真假难辨，亲近朋友之间会毫不犹豫地进行转发，当反

① [美]保罗・W・格莱姆齐等著；周晓林，刘金婷译．神经经济学：决策与大脑[M]．北京：中国人民大学出版社，2014：283.

② 刘海霞，李后卿．信息消费心理及行为分析[J]．情报杂志，2004，23（02）：52-53.

复遇到这样的“假信息”行为，对这类信息甚至是参与者的信任程度就会降低，以后再遇到风险程度、诱惑程度较高的信息时就会采取视而不见、屏蔽等不信任行为。信息移动消费行为的信任动机可以在重复无私行为中建立声誉而得到加强，也可以在自私行为中逐步减弱。

数字信息移动消费行为具有多重动机，显性动机和隐性动机同时存在，而且信息消费者在不同时间段、不同情境下的行为动机是不一样的，都是在移动互联网络不断完善、移动终端高速普及、信息需求爆发式增长等因素的共同作用下产生的。

3.3.2 数字信息移动消费动机冲突

消费者的动机有正有负。我们可能因为某些动机而采取某些行动，相反地，我们也可能因为某些动机而规避某些行为。美国拓扑心理学创始人库尔特·勒温(Kurt Lewin)用矢量表示有方向的吸引力和排斥力，即正向的动机和负向的动机。正向的动机是使人实现需求的一种内驱力，而负向的动机是促使人逃避某种需求的排斥力。冲突是指两个或者两个以上的事件、动机、目的、需求、冲动、行为同时出现于同一有机体而引发的矛盾状态①。当两种或者两种以上的动机同时在一个人身上出现，产生心理焦虑，导致心理压力，这就是动机的冲突。

(1)双趋冲突。

双趋冲突(Approach-Approach conflicts)，指的是在有两种可能性的替代中挑选一种时的冲突，是两股相当的力量在个体心理上的较量。《孟子·告子上》曰：“鱼，我所欲也；熊掌，亦我所欲也。二者不可得兼，舍鱼而取熊掌者也。”②讲的就是双趋冲突，从两个功能、模式相似，具有同等吸引力的目标中选择一个。其特点在于这种冲突的平衡是不稳定的。当某人向一目标移动时，便出现一种

---

① 林崇德，杨治良，黄希庭．心理学大辞典[Z]．上海：上海教育出版社，2004：140.

② (汉)赵岐注．十三经注疏(十四卷)[M]．北京：中华书局，1980.

目标梯度效应①，这时，较近目标的吸引力增强，而远离目标的吸引力下降，处于一种不平衡状态，会迅速被吸引到趋向较近的目标。

在我们的日常生活中，双趋冲突现象很普遍，买衣服还是买首饰？驾车自由行还是跟团旅游？以及古人所言忠孝难两全，都是由于条件限制，个体无法同时采取两种行动所表现出的动机冲突。在信息移动消费过程中，这种冲突也是普遍存在的。例如，用户在台式机上面允许两个以上的 QQ 账号同时在线，而手机和 iPad 上面只能使用一个账号，两个账号上都有用户的重要联系人，两个账号都能满足即时通讯的需求和愿望，但又无法同时登录两个账号，用户一时不知道该如何选择，左右为难，犹豫不决，自我决定受阻，鱼和熊掌不可兼得。

(2)双避冲突。

双避冲突(Avoidance-Avoidance Conflicts)又称负负冲突，指的是在两个对个体有害的替代选项中挑选一个危害较轻的选项时的动机冲突，是两股相当的力量在个体心理上的较量。与双趋冲突相反，个体面对的两个都是负向动机，不符合个体的需求与愿望，可能对个体具有威胁性，两者都是用户力求回避的，但受条件限制又必须做出非此即彼的选择，选择是一件很痛苦的事情，尤其是对于某些有选择恐惧症的用户，于是两害相权取其轻。打针与吃药，相信大部分人都不愿意碰上这种选择，抉择持续时间越长，动机冲突越激烈，个体体验到的紧张感就越强。

由于消费者可以拥有一定程度的消费自由，很少是被迫购买或使用某种产品和服务，因此，双避冲突在消费者决策中出现的几率并不是很高。但是个体在进行道德选择时，两种不可兼避的情形较常见，矛盾和冲突更易产生。尤其是当道德主体意识到他的选择会

---

① 目标梯度效应(goal-gradient effect)是美国新行为主义心理学家克拉克·赫尔(Clark Hull)在 1934 年提出来的。指的是，当人们离目标越近的时候，越能激励人们去达到它，当目标近在咫尺时，人们会有更强烈的动机加快完成任务。

导致风险或是造成伤害时，冲突更为强烈，如前有狼后有虎的两难境地。比如学生上课的时候想玩手机，但是又怕被老师发现挨批评，就会在课堂上产生焦虑和紧张的情绪，这种焦虑和紧张的情绪持续的越久，学生想玩手机的冲动就会越强烈。

(3)趋避冲突。

趋避冲突(Approach-Avoidance Conflicts)，指的是对某一种需求既期待但又因害怕这种需求得到实现时给自己带来不利而想放弃的动机冲突，是两股相互对抗的力量在个体心理上的较量。人的心理场中充满了朝向各个方向的力，使人的活动有所选择，也有所规避。爱美食又怕发胖，美味与健康相冲突，美食这个时候对个体有着强烈的吸引力，但与爱美的需求发生冲突，选择美食？还是放弃美食？取决于个体对美的要求程度。

传统娱乐项目①被电脑、手机和游戏所取代，传统娱乐项目是集智力、体力开发于一体，现在的孩子对电脑、手机爱不释手，电脑、手机的游戏虽有益于智力开发，却减少了孩子的活动能力，而且长期注意力集中，导致视力下降、体质虚弱。能上网、玩游戏、看视频的智能手机在给人们便利的同时，也带来了“短信脖”、“短信拇指病”、“技术瘾”等病例的不断增加，严重影响到用户的身心和身体健康。

在上述三种动机冲突中，趋避冲突的存在性最普遍，生活中总会遇到“喜忧参半”的状况，取舍的过程反映了一个复杂的心理过程。这里以趋避冲突为例，形成趋避冲突产生的认知心理机制，如图 3-5 所示。

此外，信息移动消费用户还可能同时产生两个以上的消费动机，而每个动机又分别具有正面效应和负面效应。总之，移动通信消费者的消费心理发生了根本性的变化，从单一化消费心理转变为

① 传统娱乐活动包括滚铁环、打弹珠、捉迷藏、丢手绢、跳皮筋、丢沙包、砸方宝、跳方块、踢毽子、抽陀螺、老鹰捉小鸡、翻花绳、放风筝。

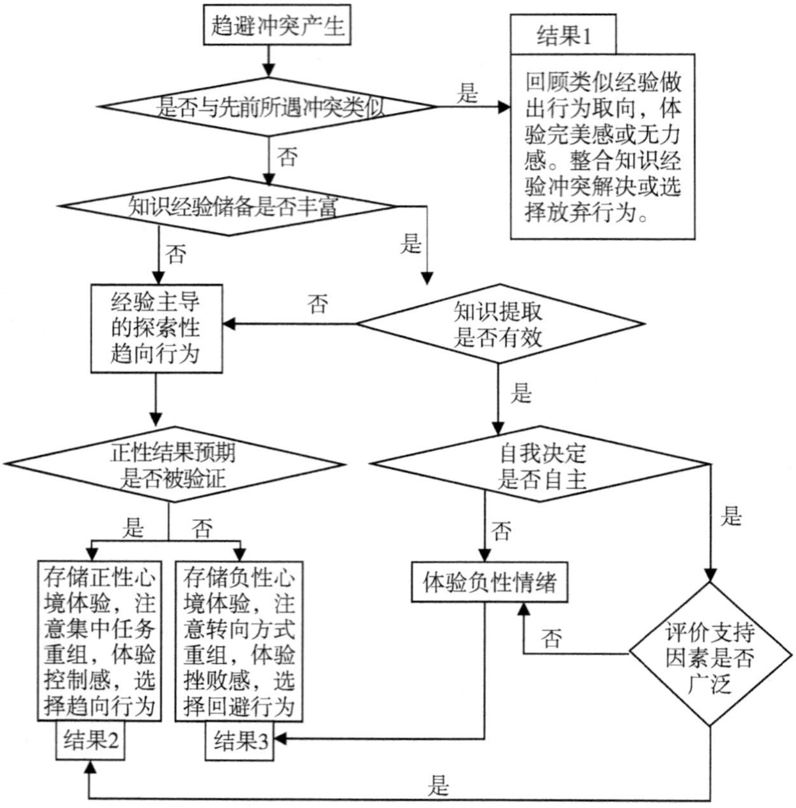

图 3-5　趋避冲突心理分析

多样化消费心理①。此时，动机的趋避冲突是多重、交错进行的。不管会遇到何种冲突，都需要用户认真分析冲突产生的原因，作出决策，解决冲突。

① 王林林．移动通信消费者消费行为分析[J]．移动通信，2004，24(02)：175-177.

第 4 章　数字信息移动消费决策

4.1　问题的提出

自有信息的概念以来，信息与决策就密不可分。决策就是对未来的方向、目标以及实现途径借助一定的科学方法和手段作出决定。决策通过对信息的传递和转换来实现，信息是维持决策活动的依据。对于信息的使用者而言，准确、及时的信息可以帮助人们做出正确的决策，而正确的决策能带来一定的社会效益和经济效益。反之，使用了错误、过时的信息或虚假信息，就可能导致决策失误。

在现实生活中，经常出现这样的问题和迷惑：一是媒体信息的同质化非常严重，很难找到观点对立的信息和一些产品、事件的负面评价与信息。以产品信息为例，在正规刊物和检索渠道中，几乎看不到产品的不足之处，尽管这种不足是与其他同类产品相比较而客观存在的；二是当涉及一些评价、预测类“软信息”时，由于其观测角度与引用证据不同，很难直观判断它的准确与否。面对已经提供的某一产品、品牌或服务的众多评价信息，用户要如何进行选择？如何才能满足用户某一特定需要？

数字信息移动消费不只是传统媒介信息消费的简单复制和延伸，从信息需求、行为动机到需求层次都与传统媒介信息消费有所差异。通常用户在进行决策前会考虑这一行为能够满足自己哪些需求或动机，而信息产品提供商则会考虑信息产品满足的是用户的潜在需求还是激活的需求。在上一章已经系统研究了数字信息移动消费用户的需求、动机及需求层次，本章将从数字信息移动消费的决策依据、决策过程、决策类型等三方面内容来探讨数字信息移动消费决策。对数字信息移动消费决策过程研究的目的是引导信息内容服务商在决策的各个阶段为消费者提供针对性信息，方便消费者可以有目的性的选择所需的信息或产品，提高数字信息移动消费质量，提高信息消费水平。

4.2 数字信息移动消费的决策依据

数字信息移动消费决策就是从若干备选方案中选择或综合成一个满意合理的方案，并满足需求与动机的过程。用户的决策行为是在需求和动机的支配下，为达到一个的目的进行的，所以数字信息移动消费决策具有鲜明的目的性。用户的决策行为还会受到诸多内部因素和外部因素的影响与制约，包括消费者个体的性别、年龄、职业、性格、收入水平等个人因素和情境因素、效能因素（本书第五章会详细分析），这些因素之间存在着复杂的交互作用，会对决策内容、方式及结果产生不确定的影响，所以具有复杂性。

马克思主义的价值观认为，价值是客体满足主体需要的一种属性①。信息论者认为信息并不是若干事件静态的纷然杂陈或简单排列，而必须在动态的选择过程中才能显示其存在，实现其价值。数字信息移动消费的价值与实用性并不相关，但却对数字信息移动消费者做出各种决策有重要的参考作用。数字信息移动消费用户在很难轻易做出决策，举棋不定时，通常会参考以下几个维度的价值，即生态与情境价值、情感与审美价值、知识与社交价值。

4.2.1 生态与情境价值的决策

生态是指生物及其环境的自然物质流动和能量守恒的彼此关联

① 中共中央马克思恩格斯列宁斯大林著作编译局．马克思恩格斯全集（第 23 卷）[M]．第 2 版．北京：人民出版社，2008：47.

的一种存在状态，体现着自然和和谐的两层意义。世界在经历几个世纪的工业发展以后，地球变得难以负重，生态灾难频频发生，由此，生态便成为当代经济和社会发展的一个新的理念。目前，我国正在进行经济结构调整，大力发展第三产业和建设和谐社会，信息产业作为第三产业的支柱行业，起着积极的生态作用。如，信息产业提供的是信息产品和信息服务，属于无烟工业，不会消耗地球有限的资源，更不存在工业排污的问题，对生态平衡起了积极的作用。数字信息移动消费行为方便消费者互通信息，建立良好的人际关系，增进感情；微信公众号方便政府信息公开，促进政府和人民之间的互信互通，这些都为和谐社会的建立打下坚实的基础。

情境实质上就是环境，英文表达是 situation，指一定时间内发生情况的总和。消费者信息搜索的过程就是在一定情境中完成的，也就是人和搜索平台之间存在着一种情景交流，适应于用户的搜索情境有利于任务的完成和情感的建立。信息用户的搜索情境包含了背景、个体的兴趣爱好以及以信息技术为支撑的信息环境的智能化环境。用户的问题环境决定了哪些信息能帮助澄清问题，并加速问题解决，即具有价值。最贴切的搜索情境是以人为中心，把根据个体的时间、背景习惯、输入的需求所得到的信息结果以恰当方式提供给用户的情境。信息只有在特定使用环境中才有价值。搜索情境一般分为规定情境和偶然情境，规定情境是按照设计好的搜索路径进行搜索时提给用户的较为程式化的情境，偶然情境是一种偶然惊喜效果的情境，一般是在搜索目标的规定性一强的情况下出现。用户在搜索过程中或搜索完成后对搜索产生体验，在不适应的情况下有可能终止搜索。对搜索情境的评价也是因人而异的，理性思维的用户可能喜欢逻辑性强的规定性情境搜索，严谨的情境就是一种享受，浪漫的用户有可能更青睐偶然的情境，能给人活力和激情。

用户行为极易受到外界环境的影响，受外界环境的改变而变化。比如，身处在学校会想着学习，身处在家里就会想着洗衣做饭、柴米油盐的琐事，身处在单位则会想着工作安排、同事关系等。时间、地点、所处环境的灯光和声音、需要完成的任务等具体的情境因素对用户数字信息移动消费行为有着短暂但决定性的影响。生态，从狭义上讲，也是一种环境因素，而且是最高阶段的环境因素。人类的一切行为要符合生态价值，包括信息消费。移动互联网上符合生态价值的信息，绿色、无污染信息，才会被用户优选。用户在一定的情景下，会以自然、和谐信息为选择目标，拒绝垃圾信息。

4.2.2　情感与审美价值的决策

情感是人对客观现实的一种特殊反映形式，是人对于客观事物是否符合人的需要而产生的态度的体验①。情感通常包括快乐、悲伤、愤怒、恐惧、厌恶、惊讶等，因此，在数字信息移动消费行为中，体现着一定的情感价值。是什么让我选择了这么一个合适的、可能有益的 App，或者相反，选择了一个矛盾的、有潜在破坏性的 App？比如说，正准备睡觉前收到了一封等待已久 E-mail 的消息提醒，我会很高兴收到了它，这属于正面的情感。但是，如果我需要花很长一段时间来等待一个调查的数据，等待的时间就可能会干扰我的现实生活——心烦意乱、焦躁不安，无法入睡等，这属于负面的态度。消费者应该追求正面、积极的情感价值，回避负面、消积的情感价值。

审美就是体验、领会和品位美。那么什么是“美”呢，简言之，“美”是能够使人产生愉悦感的事物。有崇高的“美”，也有低俗的“美”，有时来自对实物的体验，有时又是一种心情和心境，“美”就在你的身边。消费者的信息移动消费也是一个体验美的过程，数字信息移动消费也有审美的价值。早在 20 世纪初，法国斯特拉斯堡大学教授、技术科学和语言学博士亚伯拉罕·莫尔斯和德国哲学家、美学家马赫·本泽都提出过“审美信息”观点，在现代美学的领域里播下了信息美学分支的种子。亚伯拉罕·莫尔斯把信息分为

---

① 邹芳 . 企业关系导向与道德导向分离融合的匹配性模型研究［M］. 成都：西南财经大学出版社，2013：53.

技术信息、语义信息和审美信息，体现了从听觉和视觉上来进行审美。艺术作品和其他一些艺术的表现都让人产生审美的体验，当代多媒体给网络信息审美提供了更广阔的舞台，给语义审美信息和视觉审美信息给予强有力的技术支撑，而且在时间和地点上实现全方位的便利。数字信息移动消费者在家里或者在办公室的休息时间段可以自由的搜索自己喜欢的音乐、影视节目以及美术作品来欣赏美、感受美。从广义的审美角度来说，数字信息移动消费者对美的体验不仅仅可以来自艺术作品，一种惬意畅快的搜索情境同样给信息消费者带来愉悦感，给予消费者一种特殊的审美体验。

审美价值带来的愉悦感，属于一种快乐的情感。也就是说，审美价值与情感价值是密不可分的，会同时成为数字信息移动消费的决策依据。人的情感价值有正面和负面之分。在绝大多数情况下，符合审美价值的信息会带给人正面的情感，但是也存在相反的情况。对于信息内容服务提供商而言，只有提供符合大众审美价值的信息内容，按照美的规律去表现、创作信息内容与形式，才会带给用户正面的情感，被用户选择和利用。

4.2.3 知识与社交价值的决策

知识是人类发展的源泉，是社会进步的根基。知识包含的种类也是很多的，有技术性知识、有前沿性的科学知识，也有人类活动的社会知识等。知识既需要探索和发现，也需要储存和传承。现代信息技术是知识的产物，同时对知识的传承起着积极的作用。在数字信息移动消费行为中，体现着一定的知识价值。消费者的信息搜寻本身就是由于自身知识缺失而来寻求补充的，也就是说消费者信息行为的知识价值是最主要的价值所在。例如，中国知网是国内最大的学术知识全文数据库之一，它收集了大量的研究机构和学者的科研成果以及全国各高校的博士、硕士论文，给消费者提供了大量的知识信息；再如，百度知道，它和数据库不同，可以给消费者提供各种门类的知识，基本做到“有求必应”。信息移动环境建立起的知识平台有其自身的特点，经过汇总和分析，可以能动地反映消费者对知识需求的发展趋势，为建立更有效的知识平台架构提供建设性的依据。

社交是一种一定范围内人与人之间的交互往来，是信息传递和思想情感交流的各种活动，人不可能没有朋友，人与人之间不能缺少交流，交流增进理解和互信，交流也使人们得到相互的发展。社交活动是多种多样的，可以是面对面的交流，如各种形式的座谈会；也有不直接见面的间接的交流方式，如最传统的书信往来，继而电话、电报等。可以说，现代信息技术的发展改变了人们的生活方式，无线网的普及更使移动网络信息行为成为了主要的社交途径之一，使信息行为在满足消费者的信息需求的同时还承担了社会交流的功能。腾讯微信、新浪微博就是社交网络的杰出代表，在这里你可以关注你感兴趣的任何一个用户，而你自己也成为许多用户关注的对象，短短的几行字促成心与心之间的交流。随着政府对网络虚假信息和网络犯罪打击力度的加大，网络空间会变得越来越纯净，它的稳定性和真实性也会越来越高，人们会更加认可网络这种社交途径，移动网络的社交价值也会得到大力的提高。

为了吸引更多的用户，各种移动终端应用之间的功能差异化越来越小，在满足用户社交需求的同时会兼顾知识需求。用户在进行决策的时候，也会同时考虑信息的知识价值和社交价值。通常情况下，社交价值是以交流、传递感情为主，知识价值的体现与交流主体的文化水平有关大部分的交流内容很少体现出知识价值，就算极少数的交流内容涉及知识性，但是也比较浅显，不够系统、全面。而越来越多的用户关注微信的“朋友圈”，就是基于知识价值的考量。

4.3　数字信息移动消费的决策过程

西方营销学者对消费者购买决策的一般过程作了深入研究，提出若干模式，采用较多的是五阶段模式，即引起需要—信息收集—方案评价—购买决策—购后行为。信息消费是从动机开始的，消费者一旦有了动机就开始进入消费的过程。信息消费过程看起来是一个非常复杂的过程，有内部力量和外因的影响，有消费决策，等等，但归结起来也就是三个过程，即消费前、消费中和消费后，三个过程互为一体，顺序不能颠倒。数字信息移动消费也不例外，其决策过程是一个从心理到行为的连续体，包括一系列相关的步骤。本章把数字信息移动消费的决策过程归纳为六步模式，并进一步划分为三个阶段，即信息接收阶段、信息消费阶段和信息反馈阶段。

4.3.1 问题认识

是什么吸引或诱惑我们手机不离身，没事就看看微信、刷刷微博、查查天气？移动网络提供的信息主要是吸引我们的好奇心和反射性的本能，我们真的想要或者需要这个了吗？在这一阶段，用户针对一般问题或不确定领域的思想是模糊不清的。

消费者对信息的接收可以是主动形式也可以是被动接收，可以是有意识的接收也可以是无意识的接收。因此，当消费者先有动机，主动地从广告和其他渠道了解产品的信息时，这就构成了有意识的主动接收。当消费者本没有动机，而是通过企业的宣传让消费者了解产品性能，觉得此产品对自己有应用价值并且产生了购买的欲望，那就是被动的接收信息。绝大多数情况下，我们是在无意识地、被动地进行信息移动消费行为。

一种产品、一个应用、一篇文章或一个观点只有在符合目标用户的信息移动需求特征时，才会被视为有用之物。当您感觉口渴的时候，对您有价值的东西是水和饮料，而不是图书或杂志。用户的信息移动消费需求有显性和隐性之分，显性需求比较容易识别和实现，隐性需求则比较难于辨认和清楚表达。举个简单的例子，手机游戏消费行为的显性需求是娱乐，而其隐性需求则可能是从虚拟世界中获得存在感，回避或消解在真实世界中的挫败感、压力等。只有精准把握、挖掘并充分实现用户的隐性核心需求，才能留住现有消费者和赢得新的消费者。

4.3.2 信息收集

信息用户的不确定性和模糊性消失，认识或被唤起信息需求，有了明确的方向感，就会开始主动、有意识地接收、搜集外部信息。信息收集可以有不同来源渠道，有以营销为目的的信息来源，也可以来自其他无促销目的的朋友群体、社会媒体和公益机构等。在这一阶段，用户能清楚、准确地表达出在移动过程中对特定信息的需求，比如收发邮件、查看新闻、移动支付等。不论是享乐主义用户，还是功利主义用户，在移动过程中所处的环境、需要办理的事情等具体的情景因素对用户动态的信息需求有非常明确的指引。

以移动搜索为例，移动搜索行为通常是在用户解决身边的问题，需要马上作出决策的时候进行的，比如公交线路、附近美食、最近酒店、景点开放时间等，用户选择搜索引擎、构建检索式、输入检索词、对返回的检索结果进行筛选。如果用户获取到满意的答案，就会立即采取信息利用行为；如果用户对获取到的答案不满意，就可能重新调整检索词或用逻辑组合检索式，也有可能直接放弃进一步搜索(见图 4-1)。有别于传统互联网信息搜索，移动搜索引擎可以根据用户的使用习惯和地理位置自动调整搜索结果，摸索用户个性化需求，减少由于移动终端不支持滚动条、翻页而造成的放弃搜索，为用户主动推送定制化的搜索结果。

4.3.3　评估与选择

信息评估与选择阶段是把外界接收来的信息通过一个复杂的知觉、选择、记忆等心理运作过程，最后做出决策的阶段，也是消费者行为中关键的一个阶段。评估是选择的前提。消费者在前一阶段不会只收集到一种信息，不同的信息首先是通过自身的吸引力对消费者形成刺激，引起注意，经过理解上升到知觉阶段形成印象，并且记忆下来，为决策做好充分的准备。在这一心理过程中评估是一个关键的环节，评估不只是评估信息本身，同时体现了消费者对信息的印象和态度。西罗科尔斯大学的苏珊·麦克姆林(Susan Macmulin)和罗伯特·泰勒(Robert Taylor)通过研究发现了 11 个对应不同信息需求的“问题范畴”，这些范畴同时也构成了人们用来评估信息价值的标准(见表 4-1)。

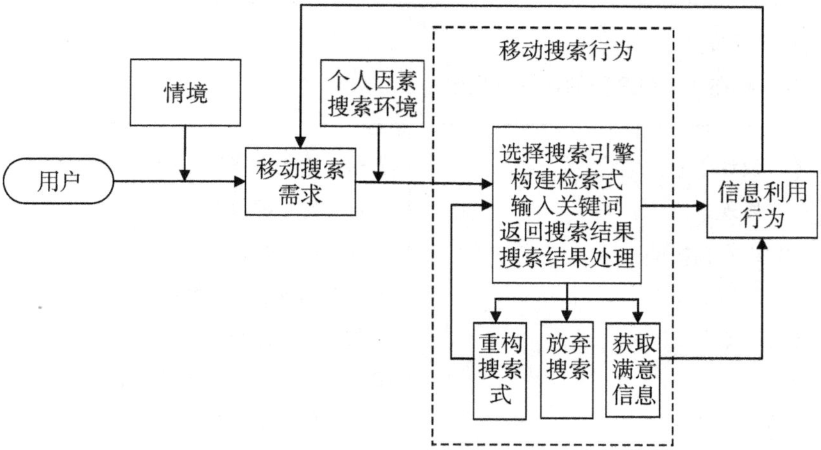

图 4-1 移动搜索行为模型

信息选择阶段的终端是决策，决策就是做出选择的决定。决策的过程也是一个有机复杂的选择过程。是什么让我决定在这个时间选择这种信息？它是怎样影响我的？不同性别、学历、职业、收入水平的用户在信息选择的原则和方法上就会有所不同，信息来源的不同也会导致用户在各种信息行为下对信息源的态度和利用情况不一样。而且信息收集时候的需求状态是模糊的，无法清晰表达的，通过对查找到的信息的相关性或适合性进行判断，逐渐明确其需求，并系统化地表现出来。从感受问题开始，到沮丧、迷失方向，到消除怀疑和不确定，形成替代方案、解决问题，最后确定选择方案，用户的参与度、信息结构存在诸多差异，而且信息选择也贯穿于整个信息活动的始终。

此外，我们经常被包裹在没有任何用处的过度信息刺激中，被网页不断跳出的广告信息、朋友圈反复出现的重复信息、失真的和虚假的信息弄得心烦意乱。在信息选择的过程中，认知、情感、意志等心理因素都会起作用，有意识地限制信息的摄入，避免冲动消费，避免被干预信息牵着鼻子走，选择有效信息。

表 4-1　**信息需求与问题范畴**

问题范畴： 问题存在于……之间的连续过程中	信息需求 (举例)
(1)设计	选择、替代方案、范围
发现	少而精的数据组合
(2)组织良好的	大量可靠的数据
组织交差的	待处理的有疑问的数据
(3)简单	实现目标的途径
复杂	减少问题、简化任务的方式
(4)特定的目标	如何实现和衡量目标
不确定的目标	偏好与方向
(5)理解初始状态	澄清初始状态不明确的方面
不理解初始状态	确定初始状态的大量软性数据
(6)基于同意的假设	帮助确定问题的信息
基于不同意的假设	全球观点、术语定义
(7)明确假设	选择的范围、分析问题的框架
不明确假设	使假设明确的信息
(8)熟悉的方案	过程和历史信息
新方案	实质的和未来导向的信息
(9)风险不大	有效成本研究
风险大	最好的现有信息：准确、全面
(10)可以进行实证分析	可观点、总体的数据
无法进行实证分析	专家的选择、预测、设想
(11)内部压力	明确内部目标
外部压力	关于外部环境的信息

4.3.4　吸收与利用

用户投入大量时间和精力对大量信息经过分析、筛选、判断、选择之后，还需要在大脑里面对其加以反应、识别、整理，借助自身的消化学习能力，将其理解、吸收并纳入自己已有的知识结构中去。用户既有知识结构会影响信息吸收，用户倾向于认同和理解与自己既往经验相符的或自认为满足自己需求的信息，而下意识抵制那些与自己需要、价值、经验、观点等不一致的信息。

信息利用行为是建立在信息吸收基础上的，是使信息真正发挥作用和效能的关键过程。用户将信息用于其生产、决策、知识创新、生活、工作、休闲娱乐、人际交往、自身提高等方面。信息利用水平和效果不仅取决于信息本身的价值，而且与用户的主、客观条件和工作状况有关。信息吸收与利用水平也与用户的信息素养有关，用户固有的知识结构像一张滤网，会影响到用户对新信息的吸收与利用效果。

4.3.5 信息评价

信息评价是用户对信息的吸收与利用之后效果和问题的反应。这种信息有真正的重要性、相关性或是对我个人有价值吗？用户的反应是在在对信息的使用上形成的一种认知反应，包括对信息是否满意以及对信息的预期目的评估，会不会继续、再次进行消费行为。学习有意识的信息消费就像如何有意识地吃得健康一样，对我们的生活至关重要，是一种有价值的技能。在我们的日常生活和实践中，有意识的决策的过程中对信息变得越来越快速和本能。如果我们懂得把握自己的情感和心理健康，尤其是时间，信息消费直接影响到我们的健康、心态、信仰、幸福和生活质量。我们看什么，读什么和听什么都可以深刻影响我们的思维方式、感觉和应对实际的生活和环境。

信息评价不同于信息评估。信息评价是较为复杂的一项认知活动，属于信息价值判断，是消费后行为，带有主观性和导向性，有认知、情感和意志的成分，可以为他人提供准确性、实效性、经济性、满意度等方面的经验和参考；信息评估则具有一定的专业性，是按照一定的原则、目标、程序、标准或方法对收集的信息进行客观地分析、判断，考虑可能的影响因素，决定是否采纳，是消费前行为。

4.3.6　信息交流与沟通

信息交流与沟通是人与人之间思想、情感、观念、态度的交流过程，也是信息反馈的过程，同时还是信息创造的过程。信息交流与沟通是双方的行为，信息移动服务商花时间受理来自现有用户的反馈意见，更好地、系统地研究用户行为和制定行之有效的营销策略，并保证不断提高其能力以服务于用户的长期需要及新出现的需要。参与移动虚拟社区的成员，有时会在网络上交换彼此的购物经验，包括产品的品质以及价格等资讯，而当这样的成员达到临界数量(critical mass)时，所累积的消费能力以及议价能力(bargaining power)是十分惊人的，这也形成了交易为主的虚拟社区。

笔者以威尔逊的信息行为模型为基础框架，进行适当的延伸与扩展，建立一个整合的信息移动消费决策模型(见图 4-2)。该模型把信息移动消费决策的六步过程归纳为三个阶段，即信息接收阶段、信息消费阶段和信息反馈阶段。在信息消费阶段，消费者会对评估之后的信息采取三种选择：如果用户获取到满意的信息，就会立即采取信息利用行为，并进行信息评价；如果用户对获取到的信息不满意，就可能重新回到信息接收阶段，进行信息收集，也有可能直接放弃进一步行为。

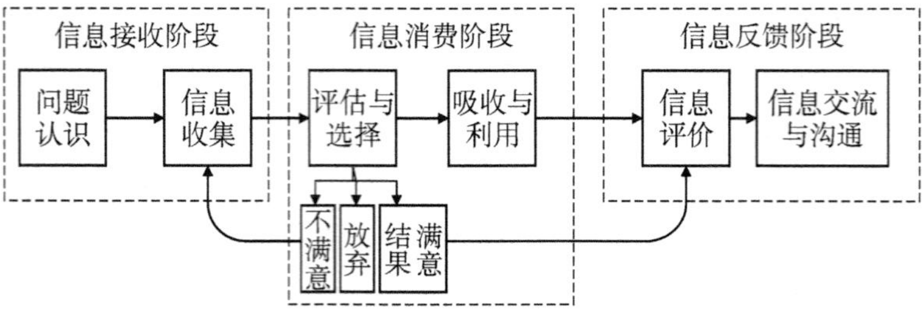

图 4-2　信息移动消费决策模型

4.4　数字信息移动消费的决策类型

数字信息移动消费决策是指信息移动用户从感受到问题存在、收集信息、进行信息评估与选择、吸收与利用信息、信息消费评价与反馈以及信息交流与沟通的一连串过程。数字信息移动消费决策可以分为三种：习惯性动机决策类、诱发性动机决策类和信息动机决策类，这三种类型的数字信息移动消费决策在介入程度、重复消费、信息搜寻范围等方面都存在一定的区别。

4.4.1　习惯性动机决策类

基于用户习惯性动机产生的决策行为又称为名义型决策(Nominal Decision)、习惯性决策，是根据以前的经验发生惯性反应，是指信息消费者对某一信息品牌特别青睐或者按消费习惯做出的选择这个品牌消费决策，名义型决策基本没有特意的思考，是一种惯例化反应。名义型决策一般是消费者进行有限的内部信息搜寻的情况下出现，可以简化决策程序，降低决策风险。名义型决策分为两种，即品牌忠诚型决策和习惯型决策。

习惯型决策是一种重复消费某一品牌的习惯，不一定非用不可，有一定喜好但还没有形成情感依赖，当遇到其他品牌的让利和强大的宣传攻势时会作出改变。习惯性消费认为不同品牌没有实质性差异。品牌忠诚型决策是长期以来形成的对某一品牌的认可基础上形成的，一旦形成，就很少关注其他品牌，是一种非随意的消费行为。以微信和易信为例，两者都是一堆即时通信软件，功能上大同小异，但是微信产品发布时间早，在众多消费者心目中形成了认可的品牌，所以很少有用户会关注易信、陌陌等其他品牌。就如同使用过香奈儿香水的用户很少会换用其他品牌的香水一样。

4.4.2　诱发性动机决策类

基于用户诱发性动机产生的决策又称为有限型决策(Limited Decision)，是指对商家所提供的某一类或某一品牌信息产品有了一定的了解，但还没有形成消费决策，因此，还需要进一步搜素相关信息，增加对这些产品的了解，然后在这些产品中做出理想的决策。有限型决策是在有一些介入的情况下出现，有限型决策的原因来自以下几个原因：(1)自身知识的不完备，信息产品更新的比较快，而且开发品牌也很多，作为普通消费者的知识结构难以全面地了解，比如一些数据参数，不像其他消费品那样形象，让人一看就能体会得到。为了更好地全面了解各种产品，消费者就只好不断地搜寻信息来补充自身知识的不足。(2)对决策结果的预测的困难，所有决策结果都是未知的，是对未来的一种预见，是在表面现象基础上作出的，和实际体验相比，都会存在一定的差异性。(3)选择范围的局限性，消费者的决策只能在有限的备选方案中进行，而非所有方案，这就使得消费者想尽量搜寻更多的信息，以便作出最理想的决策。

有限型决策还没有形成对某些特定品牌的偏好，还需要进一步收集内部信息和有限的外部信息，信息搜集范围比名义型决策要广泛一些。例如视频软件的安装，移动终端的容量有限，不可能同时下载安装多个视频软件，这时就需要对视频软件的功能建立起一些基本的评价标准，下载排行、应用介绍、用户点评等，搜集不同品牌视频软件的信息，以便在不同品牌之间作出较为理想和满意的选择。

4.4.3　信任动机决策类

基于信任动机的决策属于一种扩大型决策(Extended Decision)，是指广泛搜索外部信息产品资料，对不同产品进行认真的认知分析，在此基础上形成对各种信息产品的特点和性能的相对的认识，并且对某一产品形成良好印象，有了消费意向，之后作出消费决策。消费者一般是在涉入程度高、消费者自身并不是很了解的情况下会采用扩大型决策，购后往往会由于使用情况和实际操作存在一定的差距而对决策产生疑虑和重新评估。扩大型决策的特点是搜寻时间长、替代产品多、决策风险高等。

信息产品和技术的更替日新月异，信息移动消费行为决策与本人和企业的利益也戚戚相关，所以决策者在做出决策的时候不能不顾当前产品的相关数据和利益。一个有能力的决策者应该是一个能把握信息技术发展的趋势，能高瞻远瞩的决策者，也就是能有效地扩大决策半径的决策者。扩大决策的半径一般从时间和空间两个维度来把握，即决策的时间半径和空间半径。决策的时间半径是指决策者以往的经验对决策的影响。过去的经验是较窄的时间半径，只能代表落后的过去，如果从当代着眼，那半径有所扩大，如果放眼未来，把技术的进步因素和潜在的竞争都考虑进去，就是把决策半径扩大到一定的程度，才算得上高瞻远瞩。空间半径指的是从空间的因素来做决策分析，空间是信息产品使用者的范围空间。例如，从消费者个人扩大到部门，从部门扩大到整个企业等等。扩大决策空间半径能充分考虑到各个部门的因素从而提高整体的效益。

第 5 章 数字信息移动消费行为影响因素分析

数字信息移动消费行为本身是一个非常复杂的心理过程，它的影响因素必定是很多的，但最主要的还是来自对个体已有知识结构和面临问题情境的影响。本章从个人因素、情境因素和效能因素三个方面设计调查问卷，通过“问卷星”平台向全国 30 多个省份的用户进行在线调查，结合纸质问卷填写的方式，问卷被发送给随机选择的移动终端用户，调查时间是 2017 年 7—12 月份。本次调查的目的是探索各种心理和情境因素与信息移动消费行为之间的影响关系。本研究以信息行为理论为理论基础，结合移动互联网及移动用户的特点，采用问卷调查及统计分析的研究方法进行实证研究，以验证所构建的概念模型。

5.1 模型构建和假设提出

5.1.1 理论背景

本书第一章的文献综述中有提到，国内外已有很多学者开展了用户信息行为的研究。而且国内外学者围绕影响信息消费行为与影响因素展开了大量的研究，这些成果对本章的研究无疑是非常有益的。

国外学者 Pamela J. McKenzie①(2003)、Christine L.

① Pamela J. McKenzie. A model of information practices in accounts of everyday-life information seeking[J]. Journal of Documentation, 2003, 59(1): 19-40.

Borgman①(2012)、R. Savolainen②(2017)等从消费人群的基本特征分析中证实，性格、受教育程度、职业等都会直接影响到用户获取网络信息的效果。Kuhlthau(1996)的研究也证实了情感因素在信息消费行为过程中的重要性③。网络用户的信息行为并非完全独立，而是存在交叠和相互联系。个人的信息行为受到诸多驱动因素的影响，Wang(2000)等应用过程跟踪方法通过24名研究生来捕获用户-Web交互的过程，进而寻找事实信息方面的影响因素④。Andrew(2013)则是基于信息搜索和传播的视角，证实个人因素是造成消费人群发生信息消费行为的一个关键因素，包含消费群体、个性特征、专业背景和心理因素⑤。P. Alexopoulou(2014)等人对在线多任务信息行为的影响因素进行分析并构建了相应模型⑥。J. Gwizdka(2014)等将影响因素划分为主观因素和客观因素，研究了48名参与者在一个受控的环境中所进行的网络搜索行为，采用相

① Christine L. Borgman. The conundrum of sharing research data[J]. Journal of the American Society for Information Science and Technology, 2012, 63(6): 1059-1078.

② Savolainen R. Research in Information Science Award: Everyday Life Information Seeking[J]. Bulletin of the Association for Information Science & Technology, 2017, 43(3): 53-56.

③ Kuhlthau, C. C. The concept of a zone of intervention for identifying the role of intermediaries in the information search process[C]//In *Global Complexity: Information, Chaos and Control*, Proceedings of the 59th American Society for Information Science Annual Meeting, Baltimore, MD., October 21-24, 1996; Hardin, S, Eds., Information Today, Medford NJ, 1996, 91-94.

④ Wang P, Hawk W B, Tenopir C. Users'interaction with World Wide Web resources: an exploratory study using a holistic approach[J]. Information Processing & Management, 2000, 36(2): 229-251.

⑤ Andrew R, LYN R. Building on models of information behavior: linking information seeking and communication[J]. Journal of Documentation, 2013, 69(2): 169-193.

⑥ Alexopoulou P, Morris A, Hepworth M. A new integrated model for multitasking during Web Searching[J]. Procedia-Social and Behavioral Sciences, 2014, 147(7): 16-25.

关分析检验了主观因素(个人幸福水平、对搜索结果的满意度和信心、在搜索过程中感到失落、对搜索主题的熟悉和兴趣、任务难度的估计等)和客观因素(搜索行为、搜索结果和搜索任务特征等)之间的关系①。这些影响因素模型已经在实践中得到了广泛应用，为数字信息移动消费行为研究提供了有效工具。

林平忠(1996)从用户信息行为动态的理论研究入手，探索现代用户中新出现的潜在性需求以及影响用户实现由潜在需要向显在需求、现实需求转化并付诸于信息行为的影响因素，包括用户的信息意识、理解能力、信息环境等诸多因素②。王锰(2013)运用问卷调查法、SPSS 分析法和结构方程模型进行实证研究，深入剖析公众通过网络获取健康信息的行为的影响因素，探究性别、年龄、学历、收入等人口学特征，社会支持、网络支持、信息需求的满足等因素和信息获取行为之间的关系，建立了一个考查用户网络健康信息获取行为影响因素的概念模型，并通过该模型来证明这种分析的可信性和有效性③。邓胜利(2014)等人从用户信息源选择与评价、信息需求及满足和信息搜索模式三个方面进行评述个性特征对信息搜寻行为的影响研究，还研究了个性特征对社交网络用户的信息分享行为、使用行为和信息交流行为的影响④。

任红娟(2007)主要从商务自身的发展、用户对移动商务的感知和用户的个性特征三个方面对影响用户使用移动商务行为的因素进行了分析，构建了我国移动商务的用户使用行为影响因素模型，

① Gwizdka J, Lopatovska I. The role of subjective factors in the information search process[J]. Journal of the Association for Information Science & Technology, 2014, 60(12): 2452-2464.

② 林平忠. 论图书馆用户的信息行为及其影响因素[J]. 图书馆论坛, 1996, 06: 7-9.

③ 王锰. 美国网络健康信息用户获取行为的影响因素研究[J]. 信息资源管理学报, 2013, 03: 47-58.

④ 邓胜利, 杨丽娜. 用户个性特征对信息行为影响的研究进展[J]. 情报理论与实践, 2014, 05: 119-123.

并进一步在模型的基础上，进行实证的定量分析①。李贵成(2009)从高校信息用户的心理因素、知识能力、信息素养，以及高校信息用户所处的环境来综合分析影响高校信息用户信息行为的主观因素与客观因素②。王秋文(2012)等人以 Web 2.0 为背景，从微观层面上对网络信息消费行为模式进行了探讨③。李欣颖(2015)等人通过构建有关用户信息行为意向、用户信息行为态度、主观规范和知觉行为控制的 4 个回归方程，量化分析得出各自影响因素的影响程度④。

自 20 世纪末以来，用户的认知能力和个体差异日渐成为管理学领域专家们研究的热点，情境对用户信息行为的影响日益受到关注，先后提出了很多基于情境的信息行为模型。李腾⑤(2012)、龚立群⑥(2014)、吴丹⑦(2018)等国内学者在探讨、分析国外经典模型的基础上，深入地探究了用户的信息行为是如何随内部情境、外部情境的变化而发生改变的。

用户的信息行为都是在一定的情境下产生的。研究数字信息移动消费行为的影响因素，也很需要把情境因素考虑进去。甘利人(2007)等人针对科技数据库网站及其用户对象的特征，提出了以用户、系统、环境为顶层分析框架的科技用户信息搜索行为影响因

① 任红娟．我国移动商务用户使用行为影响因素分析[J]．现代情报，2007，09：222-225.

② 李贵成．高校信息用户信息行为影响因素探析[J]．高校图书情报论坛，2009，03：50-54.

③ 王秋文，郑建明．Web 2.0 环境下网络信息消费行为模式研究[J]．新世纪图书馆，2012，65(5)：23-26.

④ 李欣颖，徐恺英，崔伟．移动商务环境下 O2O 用户信息行为影响因素研究[J]．图书情报工作，2015，07：23-30.

⑤ 李腾，刘晶．基于情境的用户信息行为模型比较分析[J]．图书馆学研究，2012，21：70-73.

⑥ 龚立群，李芳．信息行为研究中的情感因素研究[J]．图书馆学研究，2014，22：94-98+60.

⑦ 吴丹，刘春香．基于情境的跨设备搜索需求研究[J]．情报资料工作，2018，39(1)：45-52.

素分析模型，并重点在对用户、系统和环境等三大因素的微观分解基础上，对影响科技用户信息搜索的具体因素进行了深入的剖析和总结①。王军(2014)等人建立了网络信息查询行为模型，对自我效能在信息查询的各个阶段的影响进行了深入分析②。章惠娟(2015)以南京工业大学为例，发现用户主体因素、图书馆环境以及信息特点等都对高校图书馆用户信息行为有直接影响，而且图书馆环境会通过影响用户主体因素来作用于用户的信息行为③。

虽然越来越多的人正在使用移动互联网获取数字信息，但很少有人知道这些信息如何影响他们的信息消费行为。本书以全国调查问卷数据为信息源，以前人研究成果为基础建立一个概念模型，并以 SPSS 和结构方程模型为工具进行实证研究，探索影响用户数字信息移动消费行为的影响因素。

5.1.2　模型构建

通过对上述学者观点的分析整理，借鉴前人建立的影响因素理论模型，本书的研究大致把数字信息资源移动消费行为的影响因素划分为个人因素、情境因素和效能因素三大类。大量的理论和实证研究证明了个人因素是影响数字信息资源移动消费行为的重要因素。由此，我们建立了本书研究的概念模型(见图 5-1)。

数字信息移动消费行为本身就是一个有很高个性特征的活动，个人因素与用户自身属性相关，通常包括年龄、性别、职业、气质、性格等，但是由于本次调查的对象年龄没能辐射到全部年龄段，故而选取消费习惯、信息素养、时间成本、价值观、重要性等五个方面来研究数字信息移动消费行为受用户的思维方式、知识结

---

① 甘利人，岑咏华．科技用户信息搜索行为影响因素研究[J]．情报理论与实践，2007，02：156-160.

② 王军，李鑫．自我效能对网评信息查询行为的影响研究[J]．图书情报工作，2014，58(14)：110-114.

③ 章惠娟．高校图书馆用户信息行为影响因素研究——以南京工业大学为例[J]．图书情报研究，2015，02：57-61.

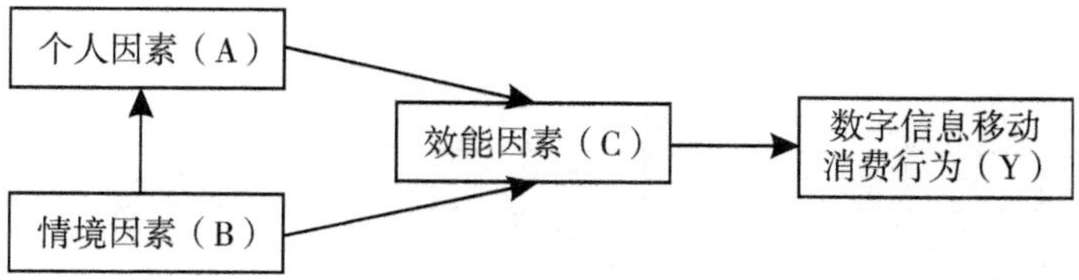

图 5-1 数字信息移动消费行为影响因素概念模型

构、心理素质等个人内部因素的影响。

情境(context)是指特定事情或情景(situation)发生时的背景、环境、上下文或语境①。而消费情境因素可理解为消费者在消费或购买活动发生时所面临的微观时空环境因素②。人类行为极易受到外界环境的影响，受外界环境的改变而变化。比如，身处在学校会想着学习，身处在家里就会想着洗衣做饭、柴米油盐的琐事，身处在单位则会想着工作安排、同事关系，等等。时间、地点、所处环境的灯光和声音、需要完成的任务等具体的情境因素对用户信息移动消费行为有着短暂但不可忽视的影响。数字信息移动消费行为的情境因素选取了界面友好性、风险感知、信息量和设备性能等四个方面进行分析。

效能是消费者在数字信息移动消费行为中实现目的和完成预期任务的程度，这种效能因素反过来又会对消费者的数字信息移动消费行为产生一定的影响。本书选取感知信息效能、自我效能、反应效能和集体效能四个方面来分析效能因素对数字信息移动消费行为的影响。

综上所述，本章通过对影响数字信息移动消费行为的个人因素、情境因素和效能因素三大类进一步的细分，以使研究更具代表性，这就形成了数字信息移动消费行为的影响因素模型(见图5-2)。

① 余小萍．移动搜索行为研究综述：用户 情境 动因 方法[J]．图书馆，2018，36(4)：93-99.

② 张曼．网络消费者行为分析[J]．科技致富向导，2013，21(2)：28.

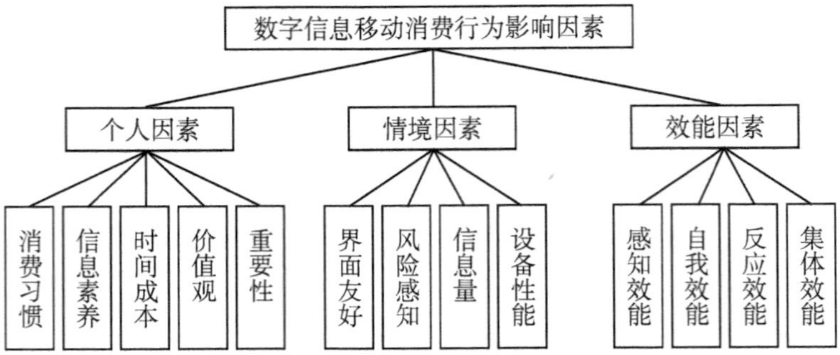

图 5-2　数字信息移动消费行为影响因素模型

根据以上对数字信息移动消费行为影响因素概念模型的分析，本章假设个人因素、情境因素和效能因素各个潜变量之间的关系，每一个潜变量又对应着各自的可测变量，进而建立数字信息移动消费行为影响因素的结构方程模型图(见图 5-3)。

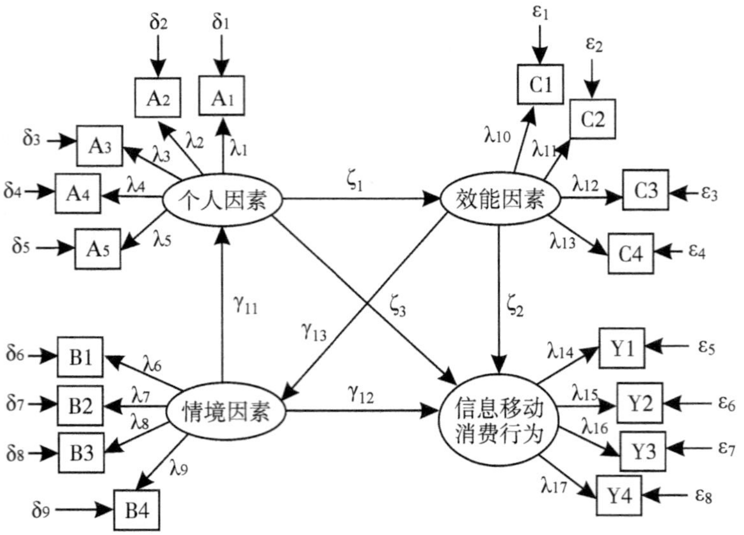

图 5-3　数字信息移动消费行为影响因素结构方程模型图

5.1.3 研究假设

(1)用户个人因素对数字信息移动消费行为的影响。

假设1：用户个人因素对数字信息移动消费行为具有正向作用；

假设1a：用户的年龄、学历、收入与数字信息移动消费行为存在相关关系；

假设1b：用户的信息素养与数字信息移动消费行为存在相关关系；

假设1c：用户的职业与数字信息移动消费行为存在相关关系；

假设1d：用户的信息认知对数字信息移动消费行为具有正向作用。

(2)情境因素对数字信息移动消费行为的影响。

假设2：情境因素对数字信息移动消费行为具有正向作用；

假设2a：网页界面友好性对数字信息移动消费行为具有正向作用；

假设2b：用户风险感知与数字信息移动消费行为存在相关关系；

假设2c：网页信息量对数字信息移动消费行为具有正向作用；

假设2d：移动终端性能与数字信息移动消费行为存在相关关系。

(3)效能因素对数字信息移动消费行为的影响。

假设3：效能因素对数字信息移动消费行为具有正向作用。

(4)情境因素对用户个人因素的影响。

假设4：情境因素对用户个人因素具有正向作用；

假设5：情境因素对用户效能因素具有正向作用；

假设6：用户个人因素对效能因素具有正向作用。

5.2 问卷设计与调研

为了验证概念模型和研究假设，本研究在大量文献整理、小规模访谈和试调研的基础上设计了研究问卷，并对移动互联网环境下用户信息消费行为的相关影响因素进行了度量。下面将从变量的定义与测量、问卷设计和调查以及样本结构分析三个方面进行阐述。

5.2.1　变量的定义与测量

研究影响因素需要人们针对不同的信息来源做出口头或数值的估计——通常通过使用等级量表。本研究所设计的潜变量包括个人因素（观测变量有：消费习惯、信息素养、时间成本、价值观、重要性）、情境因素(观测变量有：界面友好性、风险感知、信息量、设备性能)和效能因素（观测变量有：感知信息效能、自我效能、反应效能、集体效能）。每个因素的测量都采用 Likert5 尺度量表，大部分测度项采取正向计分法，分值从 1 到 5，根据问卷填写人对选项的认可程度来计分，被试者选择分值越高，说明非常认同该选项所列举的情形；反之，说明被试者非常不认同。

表 5-1　**潜变量与测度项**

潜变量	观测变量	编码	测度项
个人因素	消费习惯	A1	每天通过移动终端上网的时间超过 2 个小时
	信息素养	A2	拥有较强的信息获取、处理和综合利用能力
	时间成本	A3	愿意等待网页缓慢打开
	价值观	A4	受教育程度
	重要性	A5	从事的职业及收入水平
情境因素	界面友好性	B1	通过移动终端上网是因为觉得操作方便
	风险感知	B2	新闻或论坛里面的信息内容真实可信
	信息量	B3	通过移动终端上网常做的事情
	设备性能	B4	平时主要通过哪种移动终端上网

续表

潜变量	观测变量	编码	测度项
效能因素	感知信息效能	C1	通过移动终端上网是为了追求时尚
	自我效能	C2	通过移动终端上网是想尝试新鲜事物
	反应效能	C3	通过移动终端上网是为了打发时间
	集体效能	C4	经常在朋友圈跟帖或是转帖
信息移动消费行为	移动搜索	Y1	第一次访问移动互联网的时间
	即时通信	Y2	通过移动终端使用的聊天软件
	虚拟社区	Y3	经常在论坛跟帖或是转帖的信息类型
	移动阅读	Y4	选择移动阅读的外部环境

5.2.2 问卷设计及调查

本研究在进行问卷设计的前期进行了大量理论调研，调阅了大量国内外近期发表的有关信息消费行为和信息移动服务方面的参考资料，并且还整合了 Wilson T. D①(1999)、Jeonghyun Kim②(2006)、邓小昭③(2009)和赵喜梅④(2017)等人所提出的影响因素模型，最后，还向使用过电子书或是有智能手机上网经验的朋友和同学展开了一定范围内的一对一访谈，然后产生了调查问卷的雏形。

调查组依据随机原则，选用了 30 名非商务信息移动消费用户进行了小样本预调查，并在问卷发放过程中进一步收集问卷设计的意见和建议，据以进行问卷的修订，并请被试者再次确认，然后再

① Wilson T D. Human information behavior research[J]. Journal of Documentation, 1999, 55(3): 249-270.

② JeonghyunKim. Task as a Predictable Indicator for Information Seeking Behavior on the Web[D]. Rutgers: the State University of New Jersey, 2006.

③ 王艳，邓小昭．网络用户信息行为基本问题探讨[J]．图书情报工作，2009，53(16)：35-39.

④ 赵喜梅．社会化媒体环境下用户信息搜索行为影响因素研究——基于 TAM 与 TTF 整合模型[J]．信息资源管理学报，2017，7(2)：50-58.

请教该领域研究专家，最后产生了此次调查的正式问卷。调查前我们对所有参与调查的人员员进行了专业培训，调查时间安排在暑期进行，方便分区域进行调查。

5.2.3 样本结构分析

调查组现场回收问卷 1012 份，通过网络回收的问卷有 277 份，共回收问卷 1289 份。根据调查前确定好的判定标准，对回收的问卷进行整理，剔除了 197 份无效问卷，问卷整体有效率为 84.7%，最后对 1092 份有效样本进行统计分析。

(1)区域分布。

本次调查对象的地理位置覆盖了十多个省市的省会城市、地级市及乡镇，按照地域的不同将其分为东部地区、中部地区、西部地区三部分。有效样本在各区域的具体分布情况如表 5-2 所示。

表 5-2 **调查样本的区域分布**

东部地区	中部地区	西部地区
北京、山东、江苏、福建	河南、湖北、湖南、江西	四川、重庆、贵州
354	510	228

(2)个体状态。

本调查从数字信息移动消费用户的性别、年龄以及学历水平等角度来进行个体状态分析，调查结果如下(如表 5-3 所示)：

表 5-3 **数字信息移动消费用户的个体状态**

性别	比例(%)	年龄	比例(%)	学历水平	比例(%)
男	53.2	<25	27.6	专科及以下	21.69
女	46.8	25~50	70	本科	56.3
		>50	2.3	硕士	20.1
				博士	2.5

按照被调查者的性别划分，非商务信息移动消费用户中的男性有 581 人，女性有 511 人，男女所占比例分别为 53.2%和 46.8%，男性用户比例略高于女性，说明男性和女性在信息关注点、获取信息的行为方面有所差别。这一数据与《第 41 次中国互联网络发展状况统计报告》中的中国网民男女比例 52.6∶47.4[①] 以及同期全国人口男女比例 51.2∶48.8 都是基本一致的，说明调查数据具有普适性。

从年龄分布来看，绝大多数数字信息移动消费用户在 25~50 岁，其比例高达 70%；25 岁以下的次之，占 27.6%；50 岁以上的信息移动消费用户最少，仅占 2.3%。这说明，年轻用户比较容易接受新鲜事物；反之，用户年龄越大，对新鲜事物越抵触，甚至恐惧。

从数字信息移动消费用户的文化程度来看，用户的整体学历水平并不低，绝大多数用户具有本科及以上文化程度，共有 615 人，占 56.3%；具有专科及以下文化程度的占 21.69%；具有硕士文化程度的占 20.1%，具有博士文化程度的仅占 2.5%。

(3)收入水平。

职业和收入与用户信息移动消费行为关系很密切。对数字信息移动消费用户收入水平的考察，结合职业状态进行，内容如下(如表 5-4 所示)：

表 5-4　**数字信息移动消费用户的收入水平**

收入水平	比例(%)	职业	比例(%)
<=2000	43.3	学生(含无业)	31.6
2001~3500	21.8	自由职业	22.3
3501~5000	22.3	企事业单位	39.2
>5000	12.6	公务员	6.9

① 中国互联网络信息中心．第 41 次中国互联网络发展状况统计报告[EB/OL]．[2018-05-09]．http：//www.cnnic.cn/hlwfzyj/hlwxzbg/hlwtjbg/201803/t20180305_70249.htm.

从数字信息移动消费用户的收入水平来看，用户收入低于2000 元的群体所占比最高；其次是 2001～3500、3501～5000 元的群体，分别为 21%和 22. 4%，用户收入高于 5000 元的群体所占比最低。

从用户的职业结构来看，用户中企事业单位职工群体所占比重最高，为 39. 2%；其次是学生群体，占 31. 6 %；公务员群体所占比最低，仅占 6. 9%。

5. 3　数据分析

5. 3. 1　信度分析

信度是用来验证调查问卷的可靠性、稳定性和一致性的。本书利用统计分析软件 SPSS 22. 0 来考察问卷的内部一致性信度(Cronbach's Alpha 值，即 Cronbach α)。表 5-5 为问卷中涉及的潜变量进行信度测量的结果。

表 5-5　**问卷信度**

潜变量	测度项个数	α 值
A 个人因素	5	0. 874
B 情境因素	4	0. 808
C 效能因素	4	0. 735
Y 信息移动消费行为	4	0. 832

从表 5-5 中可以看出，本次问卷的潜变量都符合内部一致性指标 Cronbach's Alpha 值大于 0. 70 的要求，说明样本的可信度在可接受范围内。而且潜变量中除效能因素处于 0. 70～0. 80，其他潜变量的 α 值都超过了 0. 80 以上，说明这些潜变量的测度项的信度水平较高。

5.3.2 效度分析

效度指的是样本数据的正确性程度，即所收集样本在多大程度上反映了我们想要测量的指标的真实情况。① 效度越高，表示所收集的数据越能准确反映出所测量指标的真正特征。本研究将回收的有效数据随机分成两个样本，即样本 1 和样本 2，然后对这两个样本分别进行探索性因素分析和验证性因素分析。

(1)探索性因素分析。

本研究使用 SPSS 22.0 首先对样本 1 进行探索性因素分析。如表 5-6 所示，KMO(Kaiser-Meyer-Olkin)检验统计量值为 0.781(接近于 1)，说明各变量之间存在较高的相关性，显示调查问卷中的各项指标均可以准确地反映出 4 个公因子的真实特性。Bartlett 球形检验的近似卡方值为 3169.900，显著水平小于 0.001，说明变量内部是有一定相关性的，原有变量适合进行因子分析。

表 5-6　**KMO 和 Bartlett 的检验**

取样足够度的 Kaiser-Meyer-Olkin 度量		0.781
Bartlett 的球形度检验	近似卡方	3169.900
	df	103
	Sig.	0.000

(2)验证性因素分析。

本书利用 Lisrel 9.2 对样本 2 进行验证性因素分析。验证性因素分析结果如表 5-7 所示。其中，A、B、C、Y 分别代表模型的 4 个建构：个人因素、情境因素、效能因素和信息移动消费行为。

① 赵宇翔，彭希羡，朱庆华．社交媒体后续采纳阶段用户转移行为研究——以微信为例[J]．情报学报，2016，35(2)：208-224.

表 5-7　**CFA 参数估计和 p-value 的检验**

变量	标准化因子载荷	AVE	p-value
A1	0.913	0.823	***
A2	0.891		***
A3	0.903		***
A4	0.771		
A5	0.846		***
B1	0.776	0.865	***
B2	0.912		***
B3	0.835		***
B4	0.611		
C1	0.817	0.633	***
C2	0.901		***
C3	0.603		
C4	0.722		***
Y1	0.919	0.711	***
Y2	0.893		***
Y3	0.769		
Y4	0.826		***

注：* 是显著性的表示，* 表示 $p<0.1$，** 表示 $p<0.05$，*** 表示 $p<0.01$。

各潜变量所属的标准化因子载荷都大于 0.5，说明每个因子下的指标都是具有一致性的；且平均方差抽取量值(AVE)都大于 0.5，这表明各潜变量的测量具有足够的收敛效度；显著性(p 值)均小于 0.01，说明各潜变量之间至少存在显著的线性关系。各指标值均位于推荐值之内(CMIN/DF<3、GFI>0.9、AGFI>0.8、CFI>0.9、NFI>0.9、RMSEA<0.08)。① 因此，可以认为，本研究中的

① Gefen D, Straub D W, Boudreau M C. Structural equation modeling and regression: guidelines for research practice[J]. Communications of the Association for Information System, 2000, 4(7): 1-7.

各因素基本上具有较好的代表性和抽象性，适合进行结构方程建模。

5.3.3 假设验证

本书使用结构方程模型专业软件 Lisrel 9.2 来检验所提出的研究假设。分析结果如图 5-4 所示，非商务信息移动消费行为的情境因素对用户的个人因素(0.183，p<0.01)具有显著的正向影响，而对效能因素(0.251，p<0.1)的影响不显著；用户的个人因素对效能因素(0.396，p<0.01)具有显著的正向影响，效能因素对用户的非商务信息移动消费行为(0.382，p<0.01)也有显著的正向影响。

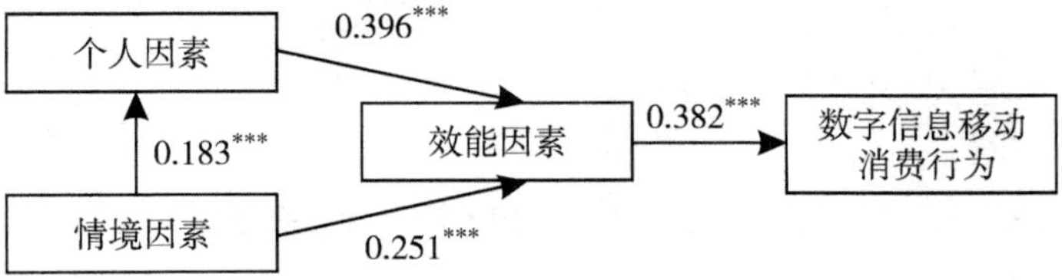

图 5-4 非商务信息移动消费行为影响因素 SEM 路径分析结果

注：* 表示 p <0.1，** 表示 p<0.05，*** 表示 p<0.01.

经过相关分析和回归分析，对前文假设进行了实证检验，检验结果如表 5-8 所示，大部分假设得到样本数据的支持。

表 5-8 **假设检验结果**

假设	测量题项	检验结果
H1	用户个人因素对数字信息移动消费行为具有正向作用	通过
H2	情境因素对数字信息移动消费行为具有正向作用	通过
H3	效能因素对数字信息移动消费行为具有正向作用	通过
H4	情境因素对用户个人因素具有正向作用	通过
H5	情境因素对用户效能因素具有正向作用	未通过
H6	用户个人因素对效能因素具有正向作用	通过

本研究采用 Pearson 简单相关分析探讨变量之间的相关关系，调整后的模型如图 5-5 所示。

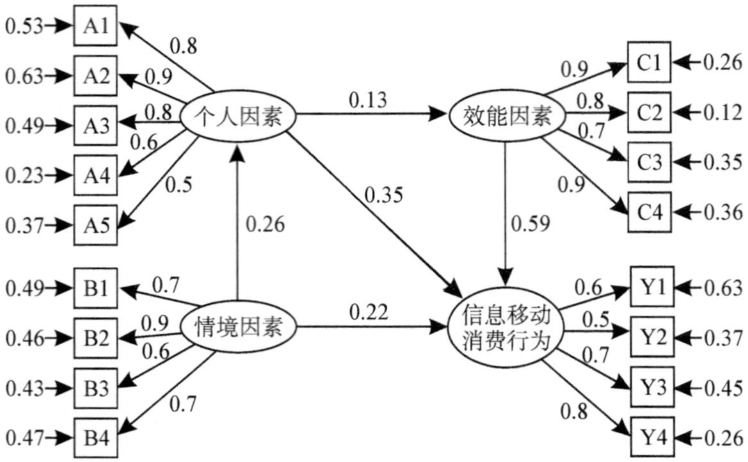

图 5-5　数字信息移动消费行为影响因素结构方程模型和相关路径系数

5.4　实证结果分析

依据前面的数据分析，并对研究假设展开验证，发现除了“情境因素对用户效能因素具有正向作用”这一条假设验证没有通过外，其他的假设都通过了验证。从数据统计分析的结果可以看出：

(1)数字信息移动消费行为的影响因素是多方面的。数字信息移动消费行为的影响因素包括了用户的个人因素、情境因素和效能因素。而效能因素起到了非常重要的作用，一方面，效能因素直接对用户的信息移动消费行为产生影响，另一方面，效能因素通过对用户个人因素的影响而作用于用户的信息移动消费行为。

(2)用户个人因素、情境因素和效能因素对数字信息移动消费行为均有正向影响。从标准化回归方程的回归系数可以得出这 3 个因素对数字信息移动消费行为的影响程度从大到小依次为效能因素、个人因素和情境因素，其中效能因素的回归系数明显高于其他两项，个人因素和情境因素的回归系数差别不大。

(3)信息素养、风险感知、集体效能等因素是用户进行数字信息移动消费行为的主要影响因素。用户的信息素养与其知识结构、认知分析能力等有关。用户接受新事物、学习新知识的能力越强，就越容易受周围环境的影响，通过最新设备、最新应用进行信息消费的需求就会越强烈。

本章在广泛综合文献成果的基础上，对数字信息移动消费行为进行定性与定量分析，构建了数字信息移动消费行为影响因素结构方程模型。实证检验结果表明，潜变量与测度项都具有较高的内部一致性和有效性。本章通过实证研究和分析得出的一些结论，对网络信息资源的服务商如何在移动互联网背景下抓住用户信息移动消费的核心需求，如何提高信息内容的服务方式，随时随地为用户提供优质的信息内容，具有一定的参考价值。在后续研究中，将进一步分析用户的性别、年龄、学历、性格等个体特征对数字信息移动消费行为的影响，从而提高研究结论的可信性和普适性。

第6章　案例分析

在移动图书馆出现之前，实体图书馆、数字图书馆虽然实现了由静态的、封闭的、单向的传统文献信息服务模式向动态的、开放的、双向的、交互的数字化信息服务模式转变，但是用户必须到固定场所才能够得到信息服务，而无法在移动环境下即时接受利用图书馆的信息服务。

国内外的图书馆针对手机等应用终端实现了基于 WAP 方式的馆藏资源的检索、借阅到期提醒、预约借书、续借服务等移动 OPAC 服务和新闻、通告、手机咨询等服务，但是，能够提供直接阅读的数字化文献内容十分有限，没有解决在移动终端上解决各类资源统一检索、统一调度和全文阅读等资源使用问题。随着移动通信技术的快速发展，普通大众可以随时随地不受时空限制的使用手机、iPad 等手持移动终端。这些日益普及的设备为大众带来移动信息交流、图书阅读、手机报纸阅读等全新的信息体验。作为现代数字图书馆发展的一种崭新的服务系统，完整的移动图书馆应用服务，除了移动 OPAC 和针对小屏幕的门户站点外，最核心的是要充分发挥各种无线移动设备的使用不受时间和空间限制的优势，依托目前比较成熟的无线移动网络、国际互联网以及云计算技术，在手持设备上解决图书馆各类馆藏和数据库资源的统一检索、统一导航和资源调度，让用户随时随地、方便灵活地查询、浏览和获取所需资源。

移动图书馆在满足学生群体移动信息需求的同时，还会激发、促进他们的移动信息行为，形成新的信息行为习惯。本研究通过网络的方式向目前全国在读的大学生群体发放调查问卷，回收有效问卷 953 份，并对回收的数据进行统计分析。本章以超星移动图书馆为例，通过调查结果来深入分析移动图书馆的用户需求、使用情况以及影响移动图书馆用户行为的相关因素，从而改善用户的移动体验，满足用户在移动环境下随时随地利用图书馆的信息需求。

6.1 超星移动图书馆用户需求分析

超星移动图书馆的核心理念是实现人类对所有知识的普遍访问。人们习惯把这种理想概括为5A目标：任何用户(Any user)，在任何时候(Anytime)、任何地点(Anywhere)，获得任何图书馆(Any library)拥有的任何信息资源(Any Information resource)。其实质就是突破传统图书馆时间、空间限制，为用户提供无所不在的、交互式的信息服务。

由超星公司开发的泛舟移动阅读整合服务系统是以移动无线通讯网络为支撑，以图书馆集成管理系统平台和基于元数据的信息资源整合为基础，以适应移动终端一站式信息搜索应用为核心，以云共享服务为保障，通过手机、iPad等手持移动终端设备，为图书馆用户提供搜索和阅读数字信息资源，自助查询和完成借阅业务，帮助用户建立随时随地获得全面信息服务的现代图书馆移动服务平台，真正实现数字图书馆最初的梦想：任何人、在任何时候、任何地点获取所需要的任何知识。泛舟移动阅读整合服务系统依托海量的信息资源与云服务共享体系，为移动终端用户提供了资源搜索与获取、自助借阅管理和信息服务定制的一站式解决方案。目前，全国116所“211”高等院校中，有97%的高校在使用超星公司提供的数字资源。

在全部953份有效问卷中，明确表示使用过和愿意继续使用移动图书馆获取学习资料和信息服务的用户为822人，占86.3%；不需要移动图书馆服务的用户为131人，占13.7%。这一数据说明大部分用户对移动图书馆的信息服务是有强烈需求的。

6.1.1 内容需求

调查问卷对表6-1所列16项超星移动图书馆已经提供或需要

提供的信息服务项目按用户的需求态度，设计“非常需要”、“比较需要”、“一般需要”、“不太需要”、“完全不需要”五级答案。调查统计结果显示，用户对这 16 项信息服务项目的需要率①都超过了 70%，说明用户对这 16 项信息服务内容都是有需求的。其中，到期提醒、续借、查询借阅信息、馆藏信息检索、检索电子资源、预约、移动阅读等传统服务项目开通移动服务后，极大地方便了用户随时随地了解和关注自己的借阅信息与图书馆的馆藏信息。在移动阅读方面，用户对图书、期刊、报纸、音频、视频资料等不同载体形式的需求态度也有一定差异。用户对移动图书、期刊、报纸的需求度明显高于音频、视频资料。

表 6-1　**移动图书馆用户内容需求情况统计**

服务项目	用户选择比率				
	非常需要	比较需要	一般需要	不太需要	完全不需求
到期提醒	55.77%	29.16%	11.94%	2.15%	0.98%
续借	49.71%	34.05%	12.13%	3.13%	0.98%
查询借阅信息	45.01%	37.18%	14.48%	2.54%	0.78%
检索馆藏信息	46.58%	34.44%	13.31%	4.31%	1.37%
检索电子资源	40.51%	35.03%	17.61%	5.28%	1.57%
预约服务	36.40%	35.03%	18.98%	7.24%	2.35%
移动阅读	31.12%	34.83%	26.42%	5.87%	1.76%
讲座通知	24.66%	34.44%	30.92%	7.83%	2.15%
新书公告	25.83%	31.12%	31.12%	9.00%	2.94%
服务公告	16.83%	34.83%	34.64%	10.57%	3.13%
读者荐书	18.40%	30.72%	33.86%	13.11%	3.91%
参考咨询	16.63%	31.31%	35.62%	12.72%	3.72%

① 需要率是指“非常需要”、“比较需要”、“一般需要”三项需要所占比率之和。

续表

服务项目	用户选择比率				
	非常需要	比较需要	一般需要	不太需要	完全不需求
RSS 订阅	11.94%	25.44%	34.44%	19.37%	8.81%
图书馆博客	11.15%	20.55%	31.70%	22.90%	6.85%
图书馆社区	10.28%	21.97%	37.77%	22.65%	7.33%
图书馆微信	42.27%	37.96%	15.85%	3.13%	0.78%

除了上述16项主要的信息服务内容，也有部分用户提出了个性化的内容需求，具体包括：准确提供自习区域空余座位数、加快内容更新速度、开展定题服务、增加互动服务、加强隐私保护等。

6.1.2 功能需求

高校图书馆的移动服务从最初推出的短信通知提醒，到馆藏书目查询和预约，到学术资源检索和全文阅读，功能不断扩充和提升，可以随时随地方便读者使用图书馆的资源和服务。现在用户真正需要的是个性化、集成化服务，而不是大量的数据库或网站。

(1)主动服务。

主动服务是图书馆在用户尚未提出要求时，自觉而主动地为用户提供信息服务的一种基本方式，包括人工和利用智能技术实施主动服务。① 移动环境下，用户的需求发生了巨大变化。移动图书馆要开展主动服务，就需要主动走进用户，开展用户信息需求调查，了解用户信息需求的新特征。移动图书馆还可以利用智能代理技术为用户主动推送定制信息，将移动图书馆信息服务融入到用户的日常移动信息活动之中，远程使用图书馆资源。比方说，用户喜欢碎

① 茆意宏. 面向用户需求的图书馆移动信息服务研究[M]. 北京：中国书籍出版社，2013：95.

片化阅读，移动图书馆就可以提供纯文本 epub 图书以及图书的章节、主题片段查阅，读者可以查到并阅读所有图书关于某个主题的章节，提供在形式上适合手机方式阅读、在内容上适宜利用碎片时间阅读的图书。

(2)协同服务。

检索是用户获取信息的基础。超星移动图书馆虽然提供了基于元数据整合的一站式搜索服务平台，但是平台能够整合的资源有限，各数据库厂商各自为政，不愿意提供元数据，不利于用户实现便捷的搜索体验。移动图书馆是以数字图书馆的信息资源系统为基础，不能简单地把 PC 端业务搬到移动终端上，要创新信息服务的内容和方式，还需要整合文献信息服务系统，开辟新闻发布、公告(通知)、新书推荐、热门书排行、借书到期提醒、预约取书通知等信息发布通道，解决协同服务中的管理、操作问题及设备兼容性问题，支持不同品牌、不同型号、不同操作系统的手持终端，改善应用环境，消除用户需求与信息共享的矛盾。

(3)个性服务。

不同用户的信息使用习惯、偏好、要求和特点不同，移动图书馆需要在服务内容、服务时空、服务方式等方面都体现出个性化，创建个性化服务模块，记录和学习用户的信息需求与行为特征，通过智能技术处理，为用户提供个性化、智能化的服务入口及相应的检索、定制、收藏等服务。比如超星移动图书馆提供了腾讯微博、新浪微博和人人三种账户绑定功能供用户选择，还可以自己设置页面风格；用户登录之后可以记录学习历程和查看所有定制信息；与图书馆 OPAC 系统实现无缝对接，提供馆藏查询、个人借阅历史查询、图书续借、咨询、移动图书馆检索历史记录、浏览历史记录等个性化自助服务；提供条码扫描功能，把手持终端的摄像头对准图书的条码，点击开始扫描，即可查看相关图书的馆藏状态及电子全文。

(4)互动服务。

移动图书馆加强与用户的互动，类似于消费实物商品的售后服务。售后服务是企业在消费者购买商品以后提供给消费者的后续服务，包括送货、安装、维修、退还等解决消费者后顾之忧的一系列服务。良好的售后服务可以维系企业和消费者之间的联系，建立起企业和消费者之间的诚信关系，使消费者成为本企业后续产品的忠实购买者。手机等移动终端在互动交流方面具有天然的优势，方便建立与用户之间互动的机制，也可以满足用户的情感需要，提高用户的忠诚度。

微信公众号作为一项与时俱进的服务功能，方便图书馆与用户之间进行文字、图片、语音、视频全方位的沟通和互动。清华大学新闻与传播学院与国内知名学者组建的研发团队对图书馆公众号进行数据监测，用总阅读数、平均阅读数、最高阅读数、总点赞数、平均点赞数和最高点赞数六个指标对图书馆公众号进行评估，一般每月发布一次微信传播指数①(WCI)排行榜。本书引用了该团队在2017年8月1日—2017年8月31日的客观统计数据，并且截取了国内图书馆微信公众号影响力排在前十名的名单，详见表6-2。排名前十位的图书馆微信公众号全部都是公共图书馆，高校图书馆无一所入围。

表6-2 **图书馆微信公众号影响力排名**

公众号	账号名	文章总数	阅读总数	点赞总数	发布次数	头条文章阅读量	平均阅读数	WCI
湖南图书馆	hntsg1904	90	70w+	5462	31	41w+	7827	848.09
厦门市图书馆	xmstsg	69	26w+	3768	24	17w+	3881	721.35
杭州图书馆	zwntsg	108	26 w+	2422	29	19w+	2443	686.05
浦东图书馆	pdlibrary	86	21w+	2040	19	15w+	2480	669.31
温州市图书馆	wzlibrary	103	21w+	2874	31	15w+	2099	661.25

① 微信传播指数WCI(WeChat Communication Index)，是指通过微信公众号推送文章的传播度、覆盖度及账号的成熟度和影响力，来反映微信整体热度和公众号的发展走势。

续表

公众号	账号名	文章总数	阅读总数	点赞总数	发布次数	头条文章阅读量	平均阅读数	WCI
国家图书馆	chnlibrary	24	10w+	1573	21	97043	4179	649.34
深圳图书馆	szlibrary	76	17w+	1591	31	13w+	2319	642.29
青岛市图书馆	QingdaoLib	63	13w+	1719	31	10w+	2127	618.17
广州图书馆	gh_7da6b99aed12	31	94275	877	3	43922	3041	587.79
上海图书馆	shanghailibrary	29	87018	647	4	33462	3001	561.67

注：w+表示超过 1 万的意思，如 10w+表示阅读量超过了 10 万。

微信传播指数(WCI)排名前 100 位的图书馆公众号中，高校图书馆仅 37 所，不到一半。微信公众平台可以很好地弥补移动图书馆信息服务缺乏主动性和交互性的缺点，迎合用户喜爱在虚拟化、网络化环境下与图书馆进行交互的需要，但在高校图书馆中的使用率却并不高，这一奇怪现象很值得进一步研究。

6.1.3 需求层次

用户的信息需求是一种动态过程，移动环境下用户需求状态更加不确定且转化迅速。信息需求的确定绝不能停留在询问“你想知道什么”这个问题上，还必须进一步提出“你为什么要知道”、“你有什么问题”、“你已经知道了什么”、“你估计会发生什么情况”、“这对你有什么帮助”等问题。通过调查发现，用户的需求陈述存在一些缺陷，比如：只有大概的愿望，讲不出具体的需求；只能讲出定性的需求，讲不出定量的需求；只能讲出部分需求，讲不出全部需求；只能堆积需求条目，讲不出相对优先级；只关注物理细节，忽略需求逻辑；等等。

信息技术每一次微小的进步都是在用户日益增长的多样化信息需求的推动下完成的，善于抓住用户的信息需求并努力提高技术水平满足目标用户需求是一项技术取得成功的重要条件。为了贴合用户类似纸张的阅读体验，亚马逊公司研发的电子书阅读器 Kindle 诞生了；为了满足用户碎片时间内的信息需求，腾讯公司推出了“微信”；为了迎合不同用户个性化的信息需求，苹果 APP Store 孕育而生；为了满足用户的移动网络需求产生了“360 随身 WiFi”；为了满足用户欣赏移动高清视频的需求，开始兴起 5G 网络开发和建设的高潮；等等。“懒汉改变世界”，日新月异的信息技术为用户带来了不少享受，消除工作生活压力，帮助用户解决了不同情境下的特定需求。

移动图书馆用户自己认识到和被外界激发而唤起的信息需求是客观存在的、不以主观认识为转移的需求状态，有显性信息需求和隐性信息需求之分。隐性需求才是推动用户信息移动需求的本质所在，对信息技术的驱动起决定性作用，也受信息技术的创新而发展。移动图书馆用户信息需求层次也符合本书在第三章总结的移动环境下用户信息需求的四个层次，把调查表中的用户 16 项主要信息需求内容分布到相应的需求层次中，得到移动图书馆用户信息需求层次结构图(具体见图 6-1)。

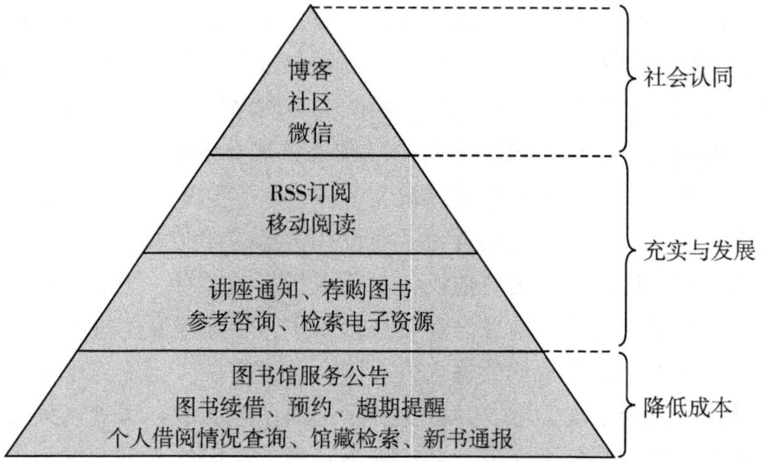

图 6-1　移动图书馆用户信息需求层次结构图

6.2　超星移动图书馆使用情况分析

从全国高校用户使用超星移动图书馆的情况来看，移动图书馆的服务功能还是定位在传统的被动服务为主、主动服务为辅的阶段，主要为图书馆提供信息发布、为用户提供资源导航和阅读服务，同时兼顾用户个性化定制服务。

6.2.1　信息发布

超星移动图书馆的信息发布功能其实质是把 PC 电脑上的网页信息搬到移动终端上，前期达到了让用户随时随地，无论在家、在路上还是在车上，都可以方便获取图书馆信息资讯的目的。但是随着图书馆微信公众号的出现，用户更倾向于通过微信公众号平台获取图书馆的信息资讯，续借、预约、挂失等服务功能在微信平台上也都可以实现，而且登录、访问更便捷。

6.2.2　资源导航

超星移动图书馆嵌入功能强大的云服务共享体系，为资源共享增强保障，读者不但可以访问本馆资源，还可以获取利用全国范围内的 700 多家图书馆资源。用户通常不会考虑图书馆的藏书结构或图书馆网站上的资源分布方式，而图书馆网站通常能反映出图书馆对资源和服务进行组织的思路。以频道方式分别提供知识、图书、期刊、报纸、学位论文、会议论文、标准、专利等各类文献的一站式检索体验。使信息使用者免于淹没在信息的汪洋大海里，帮助信息使用者梳理信息找出对他们各自需求相宜的信息，帮助信息使用者应付不断出现的新信息。在统一检索中，参考互联网搜索引擎的经验，将中外文检索词的输入嵌入同一检索窗口，当输入中文词检索时，结果为中文文献，并优先显示国内出版文献；当输入外文词检索时，结果为外文文献，并优先显示国外出版的文献。在搜索到资料后，可以管理和发送到自己的邮箱中，手机变成了信息采集工具。

6.2.3 阅读服务

微阅读成为用户的主要阅读特征，而且习惯使用固定的搜索引擎、网站或数据库进行选择性阅读。超星移动图书馆提供的云阅读是满足大众喜好并集图书、报刊、音频、视频于一身的阅读资源包。将资源进行聚类，分成了书籍、报刊、视听等多个频道。首页由专业编辑精心打造，实时将海量的信息资源进行整理和编排，力图做到精准的资源推荐和热点信息的实时分享。提供多种获取资源的方式：图片阅读、下载、文摘方式阅读等，点击阅读，可以对某一页添加标签、批注，查看章节，调节亮度等。

6.2.4 个性化定制

正如这世界上找不到两片完全相同的树叶，每一位用户移动终端上的桌面应用程序也是不一样的。为了满足解决用户的个性化需要，每一位读者都可以定制一个个人中心。在这里通过现有的OPAC系统，可以完成馆藏借阅查询、续借、预约、借阅证挂失等自助服务，可以选择借书到期提醒、图书馆新闻、通告、专题新书通报、热门书推荐等短信提醒和信息推送服务，还可以修改基本信息，建立收藏，了解自己的检索历史、浏览历史、收藏历史等，把读者的移动空间变成了一个随时随地可以使用的信息采集工具。从面向内容到面向用户观念的转变，针对用户的特定需求提供服务，比如为兴趣广泛的用户推送新书书目或活动信息，满足其多样化需求；提供实时的数字参考服务，利用学科馆员的专业知识为科研人员实时提供专题、定题等信息服务等。

6.3 超星移动图书馆用户行为影响因素分析

随着近几年电子通信技术的迅猛发展，移动图书馆面临空前发展的大好机遇，移动图书馆的春天到了。但是，移动图书馆在实际应用中发挥的作用，与用户需求还存在一定差距，市场前景不容乐观。

6.3.1　个体因素

目前高校录取的学生从他们早期的青少年时期开始就一直生活在数字时代。与他们之前的一代相比，他们能顺畅地使用新媒体，而它早已成为他们日常生活中的一部分，他们喜欢双进程和多任务。他们喜欢将图像置于文本之前，而不是将文本放在图像的前面。他们喜欢随机接入(比如超文本)。接入互联网时，他们能发挥最大功效。他们崇尚及时行乐和频繁的奖赏。他们喜欢游戏人生而不是“严肃”工作。移动图书馆目前单一、呆板、被动的信息服务内容和方式，很难满足新生代用户不断变换的个性化信息需求。

6.3.2　环境因素

超星移动图书馆所提供的搜索更加精细但需要消耗更多的时间，在判断要检索的可能相关的数据库后，用户必须分别检索联机目录和每个可能感兴趣的数据库。此外，并不是所有图书馆目录或数据库的搜索都能获得全文资料，成长在互联网时代的学生们所需要的不仅是快速响应，而是对其信息需求的完全满足。由用户自行填写的“关于影响使用移动图书馆的原因”多是关于资源下载方面的，用户在使用移动图书馆下载资源时，多次在资源下载到 99%后就无法继续下载，这让用户感到很受伤。有些用户还提出“要求支持通过二维码扫描技术下载客户端”、“可以查询图书馆周边服务信息”等建议。

6.3.3　效能因素

移动图书馆用户的信息需求从注重“内容”和“结果”转变到注重“交流”与“创新”，信息交流的顺畅与否和满意与否。由于出版商将大量资源开放，用户通过无处不在的搜索引擎可以更方便直接地获取信息。用户鼠标一点就能立即获取寻找的满意答案，而不是某一特定的载体格式，比如研究专著或是期刊。用户认为移动图书馆提供的信息缺乏新颖性，检索便利性比 PC 差，不方便跳跃式、快速地浏览数字资源。德国社会学家格奥尔格·齐美尔(Georg Simmel)在1908年所著《社会学》一书中指出互动是一种最基本、最普遍的日常生活现象。调查中也有用户提出了“没有阅读交流社区”、“在移动图书馆平台开设读者网络社区与其他读者开展交流”等意见。微信客户群庞大，有很多功能，譬如信息发布、信息推送、信息推荐等信息服务功能都比移动图书馆用起来方便，吸引客户的原因值得借鉴。

6.4 超星移动图书馆服务平台改进策略

从全国高校用户使用超星移动图书馆的情况来看，图书馆花费了巨额资金提供昂贵的有著作权的电子资源的无缝获取，但大部分资源并不为用户所熟悉，如何让移动图书馆成为读者喜爱、热爱使用的信息平台，还有很多地方有待改进提高。

6.4.1 提高界面友好性

在用户界面上，超星移动图书馆已经优化了操作流程和页面布局，将web页面转化为适合移动终端阅读的页面，去除一切不必要的内容，让用户每一次操作只用最少的步骤就能得到想要的内容。移动图书馆还需要对用户知识基础和偏好有详细、深入了解，增加检索词相关度识别，减少重复搜索，功能位置的布局要方便读者查找和知晓，提供交流和互动模块，还可以支持用户对检索结果纠错，促进平台完善。

如今，无论男女老少，几乎每个人都有微信。微信图书馆通过将图书馆的数字资源绑定到图书馆的微信公众号上，让图书馆的读者只要关注图书馆公众号，即可以在线、免费、便捷阅读图书馆的数字资源。读者无需下载任何阅读软件，也无需账号。数字资源采用独特的技术，可自适应读者不同尺寸的屏幕，让读者读的便捷、选的愉悦。移动图书馆还可以借鉴微信的红包政策，激励、吸引读者关注移动图书馆，比如进行表彰或物质奖励、延长借阅时间、增加借阅册数、举办抽奖活动等，加强与读者的交流和互动。

6.4.2 增加信息量

超星移动图书馆所提供的数字资源虽然丰富，但专业性、学术性太强，而且更新不及时，导致用户频繁出现没有或找不到需要的信息，检索成功率较低。可以通过向搜索引擎开放来促使其站点在网络空间中具有更强的可见度，更可以进行实质上的努力来连接较大的数字消费者世界：与用户的 FaceBook、YouTube、Amazon 和 ScienceDirect 的体验保持一致。例如，为什么学术图书馆不可以努力仿效由 Amazon 成功提供多年的个人、社会搜索指南？

移动图书馆要按照用户需求建设信息资源库，在用户与移动图书馆之间建立一条充满粘性的纽带，使用户在精神上依赖移动图书馆。高校图书馆自习座位实时使用情况，对学生、对图书馆都是重要、急需信息，如何把图书馆座位管理系统嵌入移动图书馆的服务模块中，让学生在寝室、教室或食堂都可以了解到图书馆的自习座位实时情况，提前预约座位，解决图书馆座位紧张与入馆学生人数众多的矛盾，解决占座难题，还降低了图书馆管理成本和减少不必要的财物纠纷。

6.4.3 丰富资源类型

消费者在使用旧产品时，或多或少会发现旧产品的一些问题，对它产生一定的排斥心理，随着科技的日新月异的进步，也会觉得旧产品的一些功能不能满足自己的需求，期盼着新产品的出现，企业不断地推出新的产品正好能够抓住消费者喜新厌旧的消费心理，促进企业的发展和壮大。移动图书馆也应该适时推出新知识，丰富信息资源类型，才能吸引更多新用户，留住老用户。

超星移动图书馆本身就是为图书馆使用需求而设计的，提供的资源以电子图书为主，收录了近十万集名师讲座视频，信息资源相对比较丰富，但还有很多其他的功能无法实现，用户无法真正体验到“在云端”的感觉。超星移动图书馆要想办法将高校图书馆现有购买的数据库资源整合进来，减少功能的局限性，为用户获取文献提供更好的门户并使其核心任务简易化；还可以考虑支持用户上传信息，丰富平台资源。

6.4.4 建设知识社区

美国当代著名的图书馆学、目录学家谢拉(J. H. Shera)博士曾在《图书馆学的社会学原理》一书中指出："交流是社会结构的黏合剂"，"图书馆是一种交流机构"。① 图书馆不止是读书的场所，更是思想交流的空间。利用微信公众平台庞大的客户群体、强大的信息推送能力、实时数据统计功能以及丰富的扩展功能等信息服务优势，结合图书馆实际工作，在开展信息推送服务的基础上，利用移动图书馆构建图书馆知识社区，开展移动端信息服务，便于读者之间交换、共享知识。移动客户端与读者之间可以建立起一种新的链接，为读者推荐和分享有针对性的知识，在知识中寻找见识，开展丰富多彩的知识活动，加强会员之家的互动，在交互中寻找自我价值的实现和自我增值的机会。

美国斯坦福大学教授、全球知名社会学家马克·格兰诺维特(Mark Granovetter)也曾指出：在现实社会关系中，大家接触频率最多的是亲属、同事、同学、朋友……这是一种十分稳定的然而传播范围有限的社会认知，属于"强连接"(Strong Ties)现象；同时，社会关系中还存在另外一种松散的、间接的，也可能是反差极大的社会认知。例如，一位艺术家从网络上无意间看到《求是》杂志点名批贺卫方、陈丹青抹黑中国的文章……这种现象称为"弱连接"(Weak Ties)②。其实与一个人的工作和事业关系最密切的社会关系并不是"强连接"，而常常是"弱连接"。"弱连接"虽然不如"强连接"那样坚固，却有着极快的、可能具有低成本和高效能的传播效率。

在数字环境下，年轻人更喜欢交互式的系统，并避免成为被动

① J. H. Shera. The Sociological Foundations of Librarianship[M]. Bombay India: Asia Publishing House, 1970, p. 18.

② Granovetter M. S. The Strength of Weak Ties[J]. American Journal of Sociology, 1973(78): 1360-1380.

的消费者；多数人已经懂得通过 Email、Blog、wiki、个人网站、机构知识库等方式发布、分享自己创造的信息和知识内容，得到有共鸣的网友们的回馈和认可，获得一种归属感。移动图书馆提供用户参与性的服务内容不多，通过知识社区重建用户关系，建立虚拟学术环境，对某一特定学科领域的内容进行整理和汇聚，每一个成员都是潜在的知识生产者，有效吸收知识资源，促进知识交流与创新，为用户之间即时交流、学习感悟提供支持，丰富用户评论和排序的分类条目，提高学生分享知识、加入在线讨论的兴趣，而且交互、沟通、启发等方式可以推动用户隐性需求向显性需求转化。

已经正式开通移动图书馆服务的高校图书馆在全国所占的比例并不是很高，图书馆应该及时跟踪移动信息技术发展的新成果并加以利用，开拓思路，创新服务，在主动服务、个性化服务、协同服务、整合与互动性服务等方面予以加强。同时，还要加强宣传推广，通过公告、讲座、培训等方式，向更多的用户推广移动图书馆，促进更多的用户了解和使用移动图书馆提供的信息服务。

第7章 研究总结与展望

据中国互联网络信息中心（CNNIC）发布的《第41次中国互联网络发展状况统计报告》数据显示，网民中即时通信用户的规模达到7.20亿，手机上网使用率为97.5%，手机网民规模保持持续增长，网民上网设备逐渐向手机终端集中①。移动互联网技术的发展和智能手机的普及，促使网民的消费行为逐渐向移动终端迁移和渗透，甚至有人开始预言“移动取代PC的时代离我们不远了”，正如十年前，有人提出“电子书取代纸本书的时代离我们不远了②”一样。但是，这么多年过去了，纸质书一样受到很多人的热爱。所以，我们有理由相信，不管移动市场如何快速的发展，移动终端和PC都将共同存在、共同为广大消费者服务。

7.1 本书主要研究内容

本书拟以数字信息作为研究对象，以移动消费作为切入点，将情报学理论和心理学、社会学、经济学、组织行为学和市场营销学等诸多学科相结合，从新的视角对数字信息资源的移动消费、用户行为展开相关研究。全书共7章，研究的主要内容包括：

第1章，绪论部分。阐述了本书研究的背景及理论与实践意

① 中国互联网络信息中心．第41次中国互联网络发展状况统计报告[EB/OL]．[2018-05-09]．http：//www.cnnic.cn/hlwfzyj/hlwxzbg/hlwtjbg/201803/t20180305_70249.htm.

② 美国计算机科学家，麻省理工学院教授尼古拉斯·尼葛洛庞帝曾在2010年预言“纸质书将在五年内消亡”。

义，综合评述了国内外有关信息消费、信息行为、移动消费等方面的研究现状，介绍了本书的研究目标与内容、研究方法与思路。

第 2 章，消费行为相关理论部分。对本书研究中将会涉及的基础理论知识，如消费行为、信息消费行为等内容进行简要地阐述，对信息移动消费的内涵进行界定，结合数字信息资源移动消费现状，揭示数字信息资源移动消费的主体特征和行为特征，对数字信息资源移动消费和台式电脑数字信息资源消费行为进行对比分析。

第 3 章，数字信息移动消费需求挖掘部分。从动机理论出发，挖掘了移动互联网用户信息消费行为的关键需求，探讨了数字信息移动行为的动机类型、动机发现的过程，在此基础上分析数字信息移动消费需求的类型与层次。

第 4 章，数字信息移动消费决策部分。系统分析了数字信息移动消费的决策依据，即生态与情境价值、情感与审美价值、知识与社交价值。从数字信息移动消费的决策依据、决策过程、决策类型等三方面内容来探讨数字信息移动消费决策模式。

第 5 章，数字信息移动消费行为影响因素分析部分。采用问卷调查及统计分析的研究方法进行实证研究，探索各种心理和行为因素与数字信息移动消费行为之间的影响关系，系统研究影响数字信息资源移动消费行为的个人因素、情境因素和效能因素，并对所构建的概念模型进行了验证。

第 6 章，案例分析部分。在理论归纳性分析基础上进行实践定量分析，以超星移动图书馆建设情况为例，从用户需求、使用情况、影响因素等方面进行分析，进一步打造移动图书馆服务特色。

第 7 章，研究总结与展望部分。对论文进行了总结，归纳了全文的主要研究内容和主要创新点，并指出了现有研究中存在的不足，对未来的研究方向进行了展望。

7.2　本书主要创新点

本书的主要创新点体现在以下三个方面：

第一，研究角度结合时代特点，理论上与时俱进。数字信息移动消费行为是在技术和政策的双重支持下快速发展起来的一种新型消费行为，与传统网络信息消费行为相比，两者有共同之处，也存在一定差别。这些差别不仅体现在网络类型、终端设备、网络应用、可信度、安全度等方面，还体现在用户信息需求、信息动机、行为模式、行为影响因素等方面。本书以数字信息资源作为研究对象，以移动消费作为切入点，在理论上界定了信息移动消费的内涵，并对其主体特征和行为特征进行了分析，从新的视角对数字信息资源的移动消费、用户行为展开相关研究，而目前关于这方面的理论研究以及可供参考的资料还不多见，丰富信息移动用户行为理论十分必要。数字信息资源移动消费行为的研究符合时代特点，在理论上做到了与时俱进，丰富和完善了消费行为研究的理论体系。

第二，以信息移动用户作为研究对象，系统研究了数字信息资源移动消费的需求层次、动机发现的过程、动机冲突、决策依据、决策过程、决策类型等。随着科技的进步，APP 应用的完善，手表、电视机、车载设备正在成为信息消费终端，冰箱、微波炉、照相机、眼镜在不久的将来都有可能成为泛终端，信息移动消费行为的实践大大超前于理论。伴随着移动终端功能的强大，移动用户成为了最大的信息消费群体，移动终端改变了消费者的行为。现阶段学者们在理论上对移动消费行为的研究还处于初期阶段，而基于数字信息资源的移动消费研究正逐渐受到学术界的高度重视。本论文系统研究了数字信息资源移动消费的需求层次、动机发现的过程、动机冲突、决策依据、决策过程、决策类型等，能够通过理论探讨与研究来丰富其理论体系。

第三，本书从个体因素、情境因素和效能因素三方面分析数字信息资源移动消费行为影响因素。进入移动信息时代，移动信息消费将成为人类信息消费的主要方式，并将彻底改变用户生产、创造、消费信息的方式。本论文关键是分析数字信息资源移动消费行为影响因素，从个体因素、情境因素和效能因素三方面进行了分析研究，其中个人因素包括消费习惯、信息素养、时间成本、价值观、重要性等，情境因素包括界面友好性、风险感知、信息量、设备性能等，效能因素则是从感知信息效能、自我效能、反应效能、集体效能等方面进行分析。探索各种心理和行为过程与数字信息移动消费行为之间的影响关系，有助于培育移动信息消费需求，预测信息移动消费行为，推动信息消费持续、快速增长。

7.3　本书研究的局限性

本书通过查阅大量相关理论文献，了解相关理论研究成果和国内外研究现状，通过对消费行为相关理论的梳理，对数字信息资源移动消费者开展问卷调查方式，从新的视角对数字信息资源的移动消费、用户行为展开相关研究。在理论上取得了一定的突破，但也存在一定的局限性，主要表现在：

第一，受人力和时间限制，调查数据的覆盖面还不够广泛。对移动图书馆的调查研究局限于高校图书馆，未考量公共图书馆的消费情况，下一步研究拟将公共图书馆的移动消费行为纳入研究范畴，提高研究结论的普适性。

第二，目前国内已经购买和使用的高校图书馆很多，但大部分移动图书馆都是依靠数据厂商的信息资源提供服务，图书馆对用户使用情况的重视程度不够，移动图书馆没能充分发挥信息服务的平台作用，调查内容比较简单。

第三，所有调查数据只是针对问卷进行了信度与效度的初步分析，尤其是对影响因素的数据分析，虽然建立了结构方程模型，但是这个模型还不完善，还需继续深入研究各个变量之间的关系。

第四，信息技术发展太快，相关信息消费行为理论严重滞后，理论研究速度跟不上科技进步的脚步。

第五，对信息移动消费行为的认识还不够全面和深入，对数字信息资源移动消费的可持续行为策略缺乏进一步的研究。

7.4　研究展望

开始于 20 世纪 90 年代的数字革命在我们 21 世纪的第二个十年不断增加网域的数量，尤其是在教育领域。以“互联网+”为契机的行业改造融合已经形成，并迅速影响到图书馆的服务。在“互联网+”的新的服务环境下，互联网、新媒体为图书馆、公共文化拓展服务领域提供了广阔的空间，图书馆、公共文化事业也要敢于创新，进行技术融合，跟上时代快速发展的脚步。图书馆用户对数字信息资源的需求绝对不会只是形式上的改变，数据服务商必须认识到这种改变，想方设法抓住用户移动消费的核心需求，并千方百计提高信息内容的服务方式，推动内容服务的建设，随时随地为用户提供优质的信息内容。以创新驱动发展，我们图书馆人、公共文化人需要以新的思维、新的视角对待新媒体技术带来的诸多影响。我国图书馆数字化信息服务的整体水平仍处于发展中国家的中等水平，各部门、系统的服务处于分散状态，对数字化信息服务开展相关研究是非常必要的，对其进行深入研究能为提高服务质量、优化服务方式提供一些建议和意见。

信息移动消费在拉动信息消费急剧增长的同时，也使得移动数据量呈几何级数迅猛增长。在大数据时代，我们每个人都在随时随地生产数据，比如我们在什么时间、什么地点、使用了什么 APP，简单的信息移动消费行为也是生产数据的过程。但是，不经过分析、加工处理的数据是毫无价值的。这些数据应当如何正确地收集和利用？如何对移动大数据进行组织、重构和挖掘以形成有价值的数据平台？如何解决知识版权问题？如何保护个人隐私安全？……这些都将是我们在以后的研究工作中需要认真思考和缜密分析的现实问题。

有人说，4G 时代是视频的时代。通信技术飞速发展，4G 时代也即将过去，5G 时代即将来临。越来越多的用户喜欢用手机或平板电脑观看视频，视频广告从在线播放发展为离线也能播放。以后可以试着探索研究视频网站的盈利模式，构建信息价值对消费决策影响的理论模型。移动终端存储了大量个人信息以及社会关系，在“服务无处不在”的背景下，如何防止用户金融财产信息泄露，保障网络的安全问题？将会成为一个长期的技术及社会关注的焦点。

参 考 文 献

中文参考文献

[1]中国互联网络信息中心．第 41 次中国互联网络发展状况统计报告[EB/OL]．[2018-05-09]．http：//www. cnnic. cn/hlwfzyj/hlwxzbg/hlwtjbg/201803/t20180305_70249. htm.

[2]中国互联网络信息中心．第 39 次中国互联网络发展状况统计报告[EB/OL]．[2017-05-09]．http：//www. cnnic. net. cn/hlw-fzyj/hlwxzbg/hlwtjbg/201701/P020170123364672657408. pdf

[3]国务院．关于促进信息消费扩大内需的若干意见[EB/OL]．[2013-08-14]．http：//www. gov. cn/zwgk/2013-08/14/content_2466856. htm.

[4]We Are Social. 2016 年全球互联网、社交媒体、移动设备普及情况报告[EB/OL]．[2016-12-18]．http：//www. ifanr. com/485987？ utm_source＝rss&ut.

[5]国务院．关于进一步扩大和升级信息消费持续释放内需潜力的指导意见[EB/OL]．[2017-08-24]．http：//www. gov. cn/zhengce/content/2017-08/24/content_5220091. htm.

[6]中国国际电子商务中心研究院．2017 年世界电子商务报告[EB/OL]．[2018-04-26]．http：//img. ec. com. cn/article/201804/152335 3479115. pdf.

[7]龚雯，高少华．春节短信缩水四成：移动互联网接入流量同比增长逾八成[N]．人民日报，2014-02-12(01)．

[8]工信部专家．移动互联网快速发展促进信息消费[EB/OL]．

[2013-12-18]. http://news.xinhuanet.com/info/2013-11/28/c_132924357.htm.
[9]工业和信息化部.2017 年通信业统计公报[EB/OL].[2018-02-02]. http://www.miit.gov.cn/n1146285/n1146352/n3054355/n3057511/n3057518/c6047251/content.html.
[10]李克强.政府工作报告——2015 年 3 月 5 日在第十二届全国人民代表大会第三次会议上[N].人民日报，2015-03-17(01).
[11]路艳霞.全国国民阅读调查结果昨天发布 仅一成国民一年读书超十本[N].北京日报，2018-04-19(11).
[12]英国图书馆，JISC 著；王秀华，王丽贤编译.未来研究人员的信息行为[J].图书情报工作动态，2008，1：2-14.
[13]刘林森.美国信息消费依赖"宽带"拉动[J].信息化建设，2013，10：20-21.
[14]胡昌平.信息服务与用户[M].武汉：武汉大学出版社，2008：226-227.
[15]曹双喜，邓小昭.网络用户信息行为研究述略[J].情报杂志，2006，2：79-81.
[16]乔欢编著.信息行为学[M].北京：北京师范大学出版社，2010：12.
[17]胡雅萍，汪传雷.国外信息行为模型比较分析[J].情报杂志，2011，11：71-75.
[18]吴丹，邱瑾.国外协同信息检索行为研究述评[J].中国图书馆学报，2012，06：100-110.
[19]胡雅萍.近十年国内外信息行为研究热点与前沿对比分析[J].情报杂志，2013，06：107-113.
[20]叶平浩，张李义.2002—2011 年国内外信息行为研究对比分析[J].情报科学，2013，04：149-154.
[21]韩秋明.国内外信息行为主题领域的比较研究[J].情报杂志，2013，08：114-119.
[22]周海花，华薇娜，皇甫青红.近十年国际网络用户信息行为研究的共词分析[J].现代情报，2014，06：113-117.

[23]李小青，张凤琴，严晓梅，陈桂茸．国外典型用户信息行为模型发展综述及启示[J]．情报杂志，2018，02：194-200.
[24]邵云华．信息行为研究的现状和发展趋势[J]．情报探索，2011，02：18-20.
[25]刘灿．我国网络用户信息查寻行为研究综述[J]．情报探索，2012，03：18-21.
[26]孙玉伟．信息行为领域知识基础、研究热点与前沿的可视化分析[J]．图书情报知识，2012，02：108-116.
[27]孙玉伟．信息行为研究的知识图谱分析[J]．情报科学，2012，05：740-745，768.
[28]张海游．信息行为研究的理论演进[J]．情报资料工作，2012，05：41-45.
[29]张一涵，袁勤俭．我国用户信息行为研究进展[J]．国家图书馆学刊，2014，06：91-98.
[30]宋玉梅．近几年国内用户信息行为研究综述[J]．情报科学，2014，07：151-157.
[31]吴丹，袁方．用户信息行为研究热点与动向：协同、移动与智能[J]．图书情报知识，2017，05：13-21.
[32]曹梅，朱学芳．用户信息行为的研究方法体系初探[J]．情报理论与实践，2010，01：37-40.
[33]曹梅．略论用户信息行为研究的演进[J]．图书情报工作，2010，02：55-58.
[34]宋雪雁，王萍．用户信息行为研究述评[J]．情报科学，2010，04：625-629，636.
[35]迪莉娅．西方信息行为认知方法研究[J]．中国图书馆学报，2011，02：97-104.
[36]迪莉娅．建构主义视角下的西方信息行为研究述评[J]．档案学通讯，2012，04：21-24.
[37]周文杰，于斌斌．国外认知视角的信息行为研究现状分析：基于文献计量[J]．图书情报知识，2012，01：109-114，92.
[38]马翠嫦，曹树金．信息分散下的信息行为——基于国外图书

情报学领域跨学科研究的回顾[J]. 中国图书馆学报, 2014, 01: 60-72.
[39]余小萍. 移动搜索行为研究综述: 用户 情境 动因 方法 [J]. 图书馆, 2018, 04: 93-99.
[40]李贵成. 论规范高校图书馆用户信息行为的对策[J]. 图书馆学刊, 2010, 02: 43-46.
[41]周庆红. 高校用户数字信息获取行为优化探究[J]. 图书馆建设, 2011, 06: 15-18.
[42]成颖, 孙建军, 郑彦宁, 潘云涛. 学术新人的信息行为研究[J]. 图书情报知识, 2011, 04: 63-70.
[43]周晓英, 蔡文娟. 大学生网络健康信息搜寻行为模式及影响因素[J]. 情报资料工作, 2014, 04: 50-55.
[44]徐恺英, 崔伟, 洪旭东, 王晰巍. 图书馆移动阅读用户接纳行为影响因素研究[J]. 图书情报工作, 2017, 15: 43-50.
[45]夏立新, 金燕, 熊回香. 企业信息消费环境初探[J]. 中国图书馆学报, 2004, 04: 81-83.
[46]张卫群. 图书馆用户信息行为研究综述[J]. 图书馆学研究, 2006, 08: 87-90.
[47]熊菊敏, 喻华林. 高校图书馆用户信息行为研究述略[J]. 科技管理研究, 2007, 12: 152-153.
[48]杨沅瑗, 茆意宏, 黄水清. 近十年国内农民信息行为研究述评[J]. 图书情报工作, 2010, 09: 132-135, 119.
[49]王以君, 胡继东, 李玉安. 高校图书馆用户信息行为与服务研究[J]. 武汉大学学报(哲学社会科学版), 2011, 06: 156-161.
[50]王惠英, 黄伟. 农民信息行为调查分析[J]. 农业网络信息, 2011, 10: 78-79, 95.
[51]张黎, 郭敏. 女研究生获取服饰信息的信息行为研究[J]. 图书馆学研究, 2011, 20: 84-86, 89.
[52]蔡剑, 詹庆东. 研究生群体网络信息分享行为动机研究[J]. 图书情报知识, 2012, 02: 81-86.
[53]郎玉林. 基于农村用户网络信息行为的个性化服务研究[J].

情报探索，2012，10：41-43.
[54]王英，洪伟达，王政．国外未成年人网络信息行为研究及启示[J]．图书馆建设，2013，09：90-94.
[55]贾素娜．儿童网络信息查寻行为研究[J]．图书馆学刊，2013，03：137-139.
[56]董泽稼，许正良．基于网络社区的企业信息行为研究[J]．情报理论与实践，2013，11：86-89，117.
[57]刘娟．活动理论视角下的图情领域用户信息行为研究范式[J]．图书情报知识，2013，02：88-96.
[58]吴丹，李一喆．老年人网络健康信息检索行为实验研究[J]．图书情报工作，2014，12：102-108.
[59]李菲，张嘉熙，李宁．医生网络信息检索行为与医学图书馆信息服务策略探究[J]．图书馆理论与实践，2014，04：40-43.
[60]陆和建，李祝启．基于网络舆情日志挖掘的政府公众信息行为研究[J]．图书情报知识，2014，05：91-100，127.
[61]刘晓华．新媒体环境下的图书馆用户信息需求及行为的价值取向研究[J]．现代情报，2017，12：126-130.
[62]姚海燕，邓小昭．网络用户信息行为研究概述[J]．情报探索，2010，02：14-16.
[63]欧阳剑．新网络环境下用户信息行为对图书馆信息服务的影响[J]．图书馆论坛，2011，05：125-127，114.
[64]汪传雷，冯世朋，王兰．网络信息行为失范类型、成因及其危害[J]．情报理论与实践，2012，08：21-25.
[65]孔少华．大型多人在线网络游戏虚拟社区用户信息行为研究——以网易大型多人在线网络游戏梦幻西游为例[J]．情报科学，2013，01：123-128.
[66]李亚琴，钱厚斌，杨月全．国内网络用户信息行为研究论文的定量分析[J]．情报科学，2014，03：71-75.
[67]查先进，张晋朝，严亚兰，李晶．网络信息行为研究现状及发展动态述评[J]．中国图书馆学报，2014，04：100-115.
[68]李法运．网络用户信息检索行为研究[J]．中国图书馆学报，

2003，02：63-66，78.
[69]赵超．网络用户信息行为状态影响分析[J]．图书情报工作，2008，03：117-121.
[70]邓小咏，李晓红．网络环境下的用户信息行为探析[J]．情报科学，2008，12：1810-1813.
[71]张结魁，刘业政，杨善林．网络信息搜寻行为研究框架[J]．图书情报工作，2008，06：87-89，101.
[72]米国伟，刘春茂．基于 Web 2.0 的网络用户信息认知行为的案例分析[J]．情报理论与实践，2009，08：72-76.
[73]王艳，邓小昭．网络用户信息行为基本问题探讨[J]．图书情报工作，2009，16：35-39.
[74]李枫林，臧颖．网络消费者协同信息行为研究[J]．情报理论与实践，2011，10：10-12，4.
[75]伍万坤，王梅．浅析信息行为研究趋向[J]．情报探索，2011，10：21-23.
[76]郭明霞，李威．网络用户信息查询行为研究概述[J]．情报探索，2012，01：16-18.
[77]丁韧．网络信息搜索行为影响因素研究：基于高校学生的实证[J]．图书情报工作，2012，06：42-45，73.
[78]张薇薇．网络用户信息查证行为探究[J]．情报资料工作，2013，05：71-76.
[79]田蓉．网络信息行为的两性差异研究[J]．图书馆学刊，2014，03：7-10.
[80]王蕾．基于信息需求的消费者网络信息搜寻行为研究[J]．情报理论与实践，2013，07：90-93.
[81]谭金波．网络视频检索的用户信息行为研究[J]．图书情报工作，2013，08：125-129.
[82]常进，陈宏东，张春燕，邵瑞华．基于 CNZZ 的网络用户信息行为挖掘[J]．图书馆理论与实践，2013，04：57-59.
[83]李国鑫，杨雪，李梦曦，陶李．实名制 SNS 网络用户信息传播行为影响因素分析[J]．情报杂志，2014，03：176-181，121.

[84]孙丽，曹锦丹．任务驱动的用户网络信息搜寻行为研究综述[J]．情报科学，2014，07：145-150.
[85]李晶，王文韬．心流体验理论在网络信息行为领域的应用[J]．情报资料工作，2015，02：62-66.
[86]李超平．论情报消费[J]．情报理论与实践，1993，05：21-22，10.
[87]谢阳群，储节旺．大学生网上信息消费行为研究——安徽大学在校生网上信息消费行为调查[J]．现代情报，2006，01：223-225.
[88]胡琪君．论信息消费异化、信息创造与信息消费复归[J]．图书馆理论与实践，2007，03：40-42.
[89]汪景梁，王叶冰．高校学生信息消费水平评价指标体系及实证研究[J]．情报科学，2008，01：69-72.
[90]郑英隆，王勇．我国居民信息消费差异成长的影响因素研究[J]．广东商学院学报，2009，01：61-67.
[91]马哲明，靖继鹏．我国城镇居民信息消费与收入关系研究[J]．图书情报工作，2009，20：98-101.
[92]杜棪．江苏省城乡居民信息消费差异及影响因素分析[J]．情报杂志，2010，S2：127-129.
[93]叶元龄，赖茂生．我国农村居民信息消费需求的区域比较[J]．情报杂志，2012，05：144-149，160.
[94]汪卫霞，汪雷．我国城镇居民信息消费结构区域差异性分析[J]．情报理论与实践，2012，11：104-108.
[95]王英．我国人口结构变化对信息消费政策的影响[J]．图书情报知识，2012，06：26-31，67.
[96]郑英隆．基于发展方式转变的我国城乡居民信息消费差异研究述评(2006—2011)[J]．图书馆论坛，2013，02：17-25.
[97]郑英隆，田莎莎．基于人力资本理论的信息消费内生增长战略研究[J]．福建论坛(人文社会科学版)，2014，05：34-39.
[98]崔海燕．习惯形成对我国农村居民信息消费的影响[J]．情报科学，2014，03：76-80.

[99]石志恒，晋荣荣，孙鹏飞，秦来寿．消费行为视角下农户农业信息消费能力及影响因素研究——以甘肃省为例[J]．信息资源管理学报，2017，04：75-78.
[100]朱萍，董玲．虚拟信息消费模式论析[J]．图书馆理论与实践，2003，06：52-53.
[101]邓胜利，况能富．企业信息消费满意度分析与评价[J]．情报科学，2005，10：121-125.
[102]汪卫霞．我国居民信息消费核算及其特征分析[J]．情报理论与实践，2010，08：47-51.
[103]刘晨延．我国信息消费有效需求不足的原因及对策[J]．新视野，2012，02：48-51.
[104]马哲明．信息消费机制研究[J]．情报科学，2012，12：1795-1798.
[105]王秋文，郑建明．Web2.0 环境下网络信息消费行为模式研究[J]．新世纪图书馆，2012，05：23-26，1.
[106]罗裕梅，凌鸿．我国网络信息消费中信息鸿沟的数字化解读[J]．社会科学，2014，01：53-63.
[107]陆浩东．基于本体的用户信息消费效益研究[J]．图书馆学刊，2014，12：26-31.
[108]武翰涛．大数据时代信息消费行为的演变[J]．经济研究导刊，2018，13：129-133，149.
[109]沈小玲．关于信息消费的理论探讨[J]．图书情报知识，2006，22，05：81-84.
[110]马哲明，唐挺．我国信息消费学术论文及其作者状况分析[J]．情报科学，2006，05：772-776.
[111]黎婷，刘勇．信息消费界定评述与研究[J]．图书馆理论与实践，2007，01：56-58.
[112]马哲明，靖继鹏．国内信息消费研究综述[J]．情报科学，2007，03：471-475，480.
[113]李旭辉，李超，魏瑞斌．基于 CSSCI 的信息消费被引文献计量研究[J]．图书馆工作与研究，2014，04：104-108.

[114]沙勇忠，高海洋．关于信息消费的几个理论问题[J]．图书情报工作，2001，45(05)：28-31，79.

[115]郑英隆．入世以来我国信息消费研究的新进展[J]．湘潭大学学报(哲学社会科学版)，2008，06：64-69.

[116]李款贞．论信息社会的特色消费——信息消费[J]．图书馆学研究，2008，05：95-97.

[117]蔡东伟．信息消费生态位研究初探[J]．情报杂志，2009，08：196-199.

[118]沈小玲．引入时间约束的信息消费理论模型分析[J]．情报科学，2012，03：395-400.

[119]何猛，闫强．大数据时代的信息消费内涵分析[J]．北京邮电大学学报(社会科学版)，2014，04：40-45.

[120]刘元洪．国内信息消费研究的热点主题探析——基于文献计量与社会网络分析[J]．西南民族大学学报(人文社会科学版)，2014，03：220-225.

[121]朝乐门．信息消费的特征分析[J]．情报理论与实践，2015，12：15-19.

[122]刘雪艳，齐捷，王在宇．新兴信息消费内涵界定及特征分析[J]．情报理论与实践，2016，11：61-67.

[123]沈小玲．论影响信息消费的商品及服务因素——以网络信息商品及其服务为例[J]．情报理论与实践，2006，06：702-705.

[124]胡琪君．信息消费力的制约因素和指标体系分析[J]．大学图书情报学刊，2007，01：9-13.

[125]韩永青．用户信息消费的 TPB 模型及分析[J]．图书情报工作，2008，04：32-34，92.

[126]肖艳，马哲明．消费主体对信息消费的影响分析[J]．情报科学，2009，07：992-994，997.

[127]黄志文．论农村信息消费的影响因子[J]．科技情报开发与经济，2010，23：116-118.

[128]邓碧侠．信息消费的影响因素研究[J]．情报探索，2012，02：30-32.

[129]李明杰，闫强．大数据在信息消费中的应用分析[J]．北京邮电大学学报(社会科学版)，2014，02：58-63.
[130]李婵娟，王子敏，马万里．农村居民信息消费省际差异的影响因素与贡献测度——基于 Shapley 值过程的实证分析[J]．情报科学，2017，08：146-152.
[131]卢小宾．信息消费动力及其行为分析[J]．情报资料工作，2002，03：13-15.
[132]沈小玲．影响信息消费的主体因素分析[J]．情报理论与实践，2008，06：849-853.
[133]段尧清，徐希．强制信息消费的主客体行为分析[J]．情报科学，2009，07：998-1000，1099.
[134]白天．网络信息消费的制约因素及对策分析[J]．生产力研究，2010，06：175-176.
[135]王林林，黄卫东．中国城镇居民信息消费结构研究[J]．现代情报，2010，11：8-11.
[136]王林林，黄卫东，仲伟俊．中国城镇居民信息消费差异性研究[J]．情报科学，2010，09：1392-1396.
[137]马哲明，李永和．我国农村居民信息消费与其收入关系研究[J]．情报科学，2011，11：1701-1704.
[138]陈立梅，刘冬辉，黄卫东．中国农村居民信息消费的差异分析——基于恩格尔系数视角[J]．图书馆理论与实践，2013，12：34-37.
[139]常亚平，董学兵．虚拟社区消费信息内容特性对信息分享行为的影响研究[J]．情报杂志，2014，01：201-207，200.
[140]张肃．我国农村居民信息消费影响因素研究[J]．商业研究，2017，07：184-192.
[141]陈晓．浅析大学生网络信息消费的正负效应[J]．图书馆学研究，2007，02：95-98.
[142]娄策群，王颖．文娱类信息消费的边际效用分析[J]．情报科学，2009，05：754-757，782.
[143]娄策群，王颖．知识类信息消费的边际效用分析[J]．图书情

报工作，2009，06：126-129.
[144]范哲．社会化媒体情境中信息素养的内容框架研究[J]．情报杂志，2012，10：170-174.
[145]杨春立．信息消费：拉动内需增长的重大领域——信息消费发展特征及政策建议[J]．中国科学院院刊，2014，02：223-230.
[146]赵付春．我国信息消费构成、影响和发展重点研究[J]．社会科学，2014，01：64-73.
[147]钟玲玲，徐春燕，王战平．2002—2015年我国信息消费对经济增长促进作用的实证研究[J]．情报科学，2016，11：80-85.
[148]沙勇忠，刘焕成．信息环境演化对信息消费的影响[J]．情报科学，2001，12：1310-1313.
[149]卢小宾，张蕊．信息消费对我国信息产业发展的影响研究[J]．图书情报工作，2002，11：8-12.
[150]杜娟．中美高校大学生网络学术信息消费主体的比较研究[J]．情报理论与实践，2010，02：36-40.
[151]张雄．网民的信息消费行为习惯及其对网络信息传播的影响分析[J]．北京工业职业技术学院学报，2011，04：90-93.
[152]王恒玉．少数民族地区农业信息消费的特殊性与制度有效性研究[J]．黑龙江社会科学，2013，04：71-74.
[153]谢赟．大学生网络信息消费水平观察[J]．北方经济，2013，08：31-32，53.
[154]陆浩东．信息化视角下的用户信息消费机制及效益研究[J]．图书馆学研究，2014，16：69-74.
[155]胡胜男，乔姗姗．武陵山贫困片区农村居民信息消费现状及其能力提升策略[J]．图书馆论坛，2017，09：33-39.
[156]董明霞．我国网络信息消费存在的几大问题[J]．图书馆理论与实践，2009，09：41-42.
[157]王秋文．关于网络信息资源消费若干问题的分析[J]．现代情报，2011，06：162-165.
[158]黄洁．我国企业信息消费中的知识产权问题研究[J]．情报资

料工作，2011，03：54-56.
[159]黄洁．企业知识产权信息消费优化策略研究[J]．情报理论与实践，2011，07：49-51.
[160]黄冬兰．大学生网络信息消费道德观的构建[J]．龙岩学院学报，2012，06：69-73.
[161]郑毅．信息消费时代个人信息安全的法律保护[J]．郑州大学学报(哲学社会科学版)，2014，04：54-57.
[162]魏晓燕．信息消费的伦理困境及其应对路径[J]．江苏社会科学，2017，05：143-149.
[163]王林林．移动通信消费者消费行为分析[J]．移动通信，2004，24(02)：175-177.
[164]约翰·荷里甘著；刘博译．美国全民移动上网时代已经来临[J]．国外社会科学，2010，02：159.
[165]肖怀云，梅姝娥．基于互惠偏好的移动社会网络消费者推荐行为机制研究[J]．软科学，2013，27(11)：140-144.
[166]杨梦晴，王晰巍，相甍甍，李嘉兴．移动消费用户情境信息共享行为影响因素实证研究——基于信息生态因子视角[J]．情报资料工作，2017，04：15-22.
[167]赵丽萍．电子纸驱动下的移动数字图书馆 [J]．图书情报工作，2010，03：44-47.
[168]宋恩梅，袁琳．移动的书海：国内移动图书馆现状及发展趋势[J]．中国图书馆学报，2010，05：34-48.
[169]刘小景．泛在图书馆理念下的图书馆移动信息服务研究[J]．图书与情报，2011，04：72-74.
[170]郑成铭，詹庆东．基于内容管理的移动图书馆服务平台构建[J]．情报理论与实践，2011，05：105-109.
[171]茆意宏．面向用户需求的图书馆移动信息服务[J]．中国图书馆学报，2012，01：76-86.
[172]魏群义，侯桂楠，霍然，黄娟．国内移动图书馆应用与发展现状研究——以“985”高校和省级公共图书馆为调研对象[J]．图书馆，2013，01：114-117.

[173]蒋晓艳．以用户需求为导向的图书馆移动信息服务建设[J]．图书馆学刊，2013，10：87-89.
[174]陈锦波．基于微信的图书馆信息资源推送研究[J]．四川图书馆学报，2013，04：7-10.
[175]梁欣，过仕明．移动图书馆服务模式探索[J]．图书情报工作，2013，09：58-64.
[176]孙革非．我国移动图书馆的现状、服务模式与发展对策研究[J]．大学图书情报学刊，2014，01：32-36.
[177]过仕明，梁欣．国内移动图书馆服务模式发展现状与趋势调研[J]．大学图书馆学报，2014，01：90-96.
[178]施国洪，夏前龙．移动图书馆研究回顾与展望[J]．中国图书馆学报，2014，02：78-91.
[179]黄思玉．3G 时代移动图书馆服务平台的构建及发展趋势研究[J]．四川图书馆学报，2014，02：25-29.
[180]邓李君，杨文建．基于移动图书馆发展影响因素的平台功能分析[J]．情报资料工作，2014，02：95-98.
[181]江波，覃燕梅．我国移动图书馆五种主要服务模式的比较研究[J]．图书馆论坛，2014，02：59-62，89.
[182]明均仁．国内移动图书馆理论研究与实践应用综述[J]．新世纪图书馆，2014，02：84-87，96.
[183]陈文文，李燕，周欢．微信环境下高校移动图书馆信息服务的创新[J]．图书馆建设，2015，05：80-83.
[184]陈鹤阳．国内外移动图书馆用户行为研究综述[J]．图书情报工作，2016，22：135-144.
[185]施国洪，赵庆．高校移动图书馆服务质量影响因素分析[J]．图书馆杂志，2017，01：50-58.
[186]吴丹，刘春香．基于情境的跨设备搜索需求研究[J]．情报资料工作，2018，39(1)：45-52.
[187]赵喜梅．社会化媒体环境下用户信息搜索行为影响因素研究——基于 TAM 与 TTF 整合模型[J]．信息资源管理学报，2017，7(2)：50-58.

[188]周丽燕，任姣姣．4G 开启移动互联网信息消费“盛宴”[N]．人民政协报，2014-06-05(12)．
[189]李子晨．移动消费成网购市场重要引擎[N]．国际商报，2014-04-24(A08)．
[190]江林．消费者心理与行为[M]．第 4 版．北京：中国人民大学出版社，2011：1-2.
[191]刘业政等．网络消费者行为：理论方法及应用[M]．北京：科学出版社，2011：3.
[192]吴延凤．E 世代网络消费行为研究[D]．延安：延安大学，2013：13.
[193]薛薇．基于消费行为的市场细分研究[D]．西安：西安电子科技大学，2009.
[194]林荣华．消费者行为学[M]．第 2 版．大连：东北财经大学出版社，2006：3.
[195]朱红．信息消费水平测度方法研究[J]．情报科学，2006，24(02)：175-179.
[196]刘海霞，李后卿．信息消费心理及行为分析[J]．情报杂志，2004，23(02)：52-53.
[197]郑英隆．信息的生产力功能问题探讨[J]．科学·经济·社会，1989，7(03)：156-161.
[198]郑英隆．信息产品消费的运行系统[J]．经济学家，1991，05：101-107.
[199]郑英隆．信息消费论纲[J]．学术季刊，1994，02：51-59.
[200]贺修铭．信息消费概念的确立及其理论基础——兼论信息消费学的建设[J]．图书情报工作，1996，40(04)：45-51.
[201]朱红．信息消费：理论、方法及水平测度[M]．北京：社会科学文献出版社，2005：5.
[202]金燕．信息消费质量：含义、评估及提高[J]．情报资料工作，2002，01：26-27，15.
[203]张效赤．信息消费刍议[J]．现代情报，2004，24(01)：83-84.
[204]朱萍，董玲．虚拟信息消费模式论析[J]．图书馆理论与实

践，2003，(06)：52-53.

[205]贺修铭．科学研究与发展(R&D)信息消费过程的历时性结构分析[J]．武汉大学学报(哲学社会科学版)，1996，49(02)：105-111.

[206]夏征农．辞海(第四卷)[M]．上海：上海辞书出版社，2009：2704.

[207][美]尼古拉斯·尼葛洛庞帝著；胡泳，范海燕译．数字化生存[M]．海口：海南出版社，1997：70.

[208]董明霞．我国网络信息消费现状浅析[J]．科技情报开发与经济，2009，19(08)：143-144.

[209]官建文．中国移动互联网发展报告(2013)[M]．北京：社会科学文献出版社，2013：19.

[210]帅鹏坤．首个微信"智慧城市"落地广州[N]．羊城晚报，2015-01-22，A7.

[211][美]约翰·斯科特著；刘军译．社会网络分析法[M]．第2版．重庆：重庆大学出版社，2007：84.

[212]互联网之父：担心数字化内容千年后无法读取[EB/OL]．[2013-07-15]．http：//tech. ifeng. com/internet/detail_2013_07/15/27505598_0. shtml.

[213]范并思，胡小菁．图书馆2.0：构建新的图书馆服务[J]．大学图书馆学报，2006(01)：2-7.

[214]汪叶茂．微信成立事业群 意在打通O2O通道[N]．深圳晚报，2014-05-09.

[215]杨佳怿．网络信息消费行为分析[J]．商场现代化，2007，11：5-6.

[216][荷兰]斯宾诺莎著；陈丽霞译．伦理学[M]．北京：光明日报出版社，2010：163.

[217]互联网点对点(P2P)技术在国内的应用[EB/OL]．[2014-3-16]．http：//www. c114. net/news/52/a57036. html.

[218][美]保罗·W·格莱姆齐等主编；周晓林等译．神经经济学：决策与大脑[M]．北京：中国人民大学出版社，2014：283.

[219]林崇德，杨治良，黄希庭．心理学大辞典[Z]．上海：上海教育出版社，2004：140.

[220](汉)赵岐注．十三经注疏(十四卷)[M]．北京：中华书局，1980.

[221]中共中央马克思恩格斯列宁斯大林著作编译局．马克思恩格斯全集(第23卷)[M]．第2版．北京：人民出版社，2008：47.

[222]邹芳．企业关系导向与道德导向分离融合的匹配性模型研究[M]．成都：西南财经大学出版社，2013：53.

[223]胡昌平，邓胜利著．数字化信息服务[M]．武汉：武汉大学出版社，2012：34.

[224]林建煌．消费者行为 [M]．第3版．北京：北京大学出版社，2011：222.

[225]郑德俊，沈军威，张正慧．移动图书馆服务的用户需求调查及发展建议[J]．图书情报工作，2014，07：46-52.

[226]徐速．数字图书馆门户的用户界面友好性评价[J]．科技情报开发与经济，2010，20(3)：1-3.

[227]李玉红．国内“211”高校图书馆移动信息服务发展状况[J]．现代情报，2014，03：78-81.

[228]王飞．风险感知视角下的公众防护型行为决策研究[D]．合肥：中国科学技术大学，2014.

[229]麦范金，张兴旺，李晨晖．云图书馆中移动用户隐私五维保护模型的构建[J]．情报理论与实践，2014，04：92-97.

[230]邓李君，杨文建．大学生使用移动图书馆的行为持续性的影响因素分析及对策研究——基于扩展持续使用模型[J]．图书馆论坛，2014，02：63-68.

[231][美]詹姆斯·格雷克．信息简史[M]．北京：人民邮电出版社，2013.

[232][美]迈克尔·R. 所罗门著；卢泰宏，杨晓燕译．消费者行为学[M]．第10版．北京：中国人民大学出版社，2014.

[233]贾东琴，董伟．高校移动图书馆大学生用户认知结构探索性研究[J]．图书情报工作，2014，24：37-44，79.

[234]茆意宏．面向用户需求的图书馆移动信息服务研究[M]．北京：中国书籍出版社，2013：95.

[235][美]查克·马丁(Chuck Martin)著；向坤译．决胜移动终端：移动互联时代影响消费者决策的6大关键．杭州：浙江人民出版社，2014.

英文参考文献

[236]Dervin B，Nilan M. S. Information needs and uses[J]. Annual Review of Information Science and Technology，1986，21：3-33.

[237]Ellis D. The physical and cognitive paradise in information retrieval research[J]. Journal of Documentation，1992，48(1)：45-64.

[238]Choo Chun Wei，Brian D，Don T. Information seeking on the web：An integrated model of Browsing and Searching [C]. Paper presented at the Annual Meeting of the American Society for Information Science (ASIS) (62nd Washington D. C，October 31Novermber 4，1999).

[239]Kuhlthau，C. C. The concept of a zone of intervention for identifying the role of intermediaries in the information search process. In *Global Complexity*；*Information*，*Chaos and Control*，Proceedings of the 59th American Society for Information Science Annual Meeting，Baltimore，MD.，October 21-24，1996；Hardin，S，Eds.，Information Today，Medford NJ，1996，91-94.

[240]Wilson T D. Human information behavior research[J]. Journal of Documentation，1999，55(3)：249-270.

[241]Jason Frand. The Information mindset：Changes in students and implications for higher education. Educause Review，March/April 2006，p. 15.

[242] A. J. Morales，J. C. Losada，R. M. Benito. Users structure and

behavior on an online social network during a political protest[J]. Physica(Section A: Statistical Mechanics and its Applications), 2012, 391, 21: 5244-5253.

[243] BreaAnne, M. Lauer, Kimberly Renk. The Peer Informant: Characteristics Related to the Perceptions of Peer Behavior Problems[J]. Journal of Child and Family Studies, 2013, 22(6): 786-800.

[244] Stefan Stieglitz, LinhDang-Xuan. Emotions and Information Diffusion in Social Media-Sentiment of Microblogs and Sharing Behavior [J]. Journal of Management Information Systems. 2013, 29(4): 217-248.

[245] Evagelos D. Lioutas. Food Consumer Information Behavior: Need Arousal, Seeking Behavior, and Information Use [J]. Journal of Agricultural and Food Information, 2014, 15(2): 81-108.

[246] Hudson, Crystal R., Palmer, Lance. Low-income employees: the relationship between information from formal advisors and financial behaviors [J]. Financial Services Review, 2014, 23(1): 25-43.

[247] Lennick, D., Kiel, F. Moral intelligence: Enhancing business performance and leadership success[M]. Upper Saddle River: Pearson Prentice Hall, 2005.

[248] Giddens, A. Modernity and self-identity: Self and society in the late modern age [M]. Stanford: University Press, 1991.

[249] Ockenden Sandy. Consumerism & Development[J]. Teachergram, 1996, 4(1): 1-10.

[250] John C. Shirk. The Costs Benefits of Lifelong Learning: Consumer Behavior[J]. Research Report, 1998, 26(1): 81-89.

[251] Dan Ariely. Controlling the Information Flow: Effects on Consumers' Decision Making and Preferences[J]. Journal of Consumer Research, 2000, 27(2): 233-248.

[252] Clay A. Johnson. The Information Diet: A Case for Conscious

Consumption[M]. USA: O'Reilly Media Inc, 2012.
[253] Joyce Routson. Experts Ponder Internet's Future[R]. Stanford Report, 2001, 2: 6.
[254] Eric J. Johnson. Digitizing Consumer Research[J]. Journal of Consumer Research, 2001, 28(2): 331-336.
[255] Aharon Kellerman. Phases in the Rise of the Information Society [J]. Journal of Policy, Regulation and Strategy for Telecommunications, 2000, 2(6): 537-541.
[256] York Auterman. Impacts of Information Technology Development on International Politics [J]. Journal of Information Systems, 2002, 16(2): 227-239.
[257] A. Coskun Samli. International Consumer Behavior in the 21st Century: Impact on Marketing Strategy Development [M]. New York: Springer Science, 2013.
[258] Coverage and Energy Consumption Control in Mobile Heterogeneous Wireless Sensor Networks [J]. Automatic Control, 2013, 58 (4): 975-988.
[250] Bohyun Kim. Mobile Consumer Behavior[J]. Library Technology Reports, 2013, 49(6): 9-14.
[260] Jonathan M. Smith. Active Networks: A 2020 Vision[J]. IEEE Communications Magazine, 1997, 33(5): 64-79.
[261] V. M. Zherebin, N. A. Ermakova, O. N. Makhrova. Consumption in the Information Society [J]. Russian Educationand Society, 2010, 52(3): 54-71.
[262] Orazio P. Attanasio, Nicola Pavoni. Risk Sharing in Private Information Models With Asset Accumulation: Explaining the Excess Smoothness of Consumption [J]. Econometrica, 2011, 79(4): 1027-1068.
[263] Rashmi Adacal. Numerosity and Consumer Behavior[J]. Journal of Consumer Research, 2013, 39(5): xi-xiv.
[264] Gretchen Larsen, Rob Lawson. Consumer Rights: An

Assessment of Justice [J]. Journal of Business Ethics, 2013, 112(3): 515-528.

[265] Fabrizio R, Nicola D M. Applying the information bottleneck to statistical relational learning [J]. Machine Learning, 2012, 86 (1): 89-114.

[266] ThogersenJ., Jorgensen A. K., Sandager S. Consumer decision making regarding a green everyday product [J]. Psychology & Marketing, 2012, 29(4): 187-197.

[267] Wayne D. Hoyer, Deborah J. Maclnnis. Consumer Behavior [M]. 5th edition. Beijing: Peking University Press, 2011.

[268] Aalberg Toril, Blekesaune Arild, Elvestad Eiri. Media Choice and Informed Democracy: Toward Increasing News Consumption Gaps in Europe? [J]. The International Journal of Press/Politics, 2013, 18(3): 281-303.

[269] Oberseder, M., Schlegelmilch, B. B., Gruber, V. Why don't consumers care about CSR?: A qualitative study exploring the role of CSR in consumption decisions [J]. Journal of Business Ethics, 2011, 104(4): 449-460.

[270] Martin De Saulles. Information 2.0: New Models of Information Production, Distribution and Consumption [M]. London: Facet Publishing, 2012.4.

[271] Alyson Dalby. The Book Review of Information 2.0: New Models of Information Production, Distribution and Consumption [J]. Library Management, 2013, 34(1): 141-142.

[272] Paul Sturges. The Thoughts about Information 2.0: New Models of Information Production, Distribution and Consumption [J]. The Electronic Library, 2013, 31(4): 541-542.

[273] Daniel Giddens. The new media era—Reviewing Information 2.0: New Models of Information Production, Distribution and Consumption [J]. The Australian Library Journal, 2013, 62 (1): 71-72.

[274] Donahue, Tim. The Shift of Information Literacy Towards Research 2.0—after Reading Information 2.0: New Models of Information Production, Distribution, and Consumption [J]. Journal of Academic Librarianship, 2013, 39(1): 95-96.

[275] Ambarish Pandey, Sayeedul Hasan, Divyanshu Dubey, Sasmit Sarangi. Smartphone Apps as a Source of Cancer Information: Changing Trends in Health Information-Seeking Behavior [J]. Journal of Cancer Education, 2013, 28(1): 138-142.

[276] Lyza Danger Gardaer, Jason Grigsby. Head First Mobile Web [M]. Cambridge: O'Reilly Media Inc, 2011.

[277] Devinney, T. M., Auger, P., Eckhardt, G. M. The myth of the ethical consumer [M]. New York: Cambridge University Press, 2010.

[278] Ronald A. Dulaney. Needs, characteristics, hierarchy and the theory of individual consumer behavior[J]. Dissertation Abstracts International, 1976, 37(1): 500.

[279] Kuhlthau C C. Inside the search process: information seeking from the user's perspective[J]. Journal of the American Society for Information Science, 1991, 42(5): 361-371.

[280] Berend Wierenga, Aadvan Tilburg, Klaus Grunert, Jan-Benedict E. M. Steenkamp, Michel Wedel. Agricultural Marketing and Consumer Behavior in a Changing World [M]. New York: Springer Science, 1997.

[281] Richard A. Spreng, Richard W. Olshavsky. A Desires Congruency Model of Consumer Satisfaction[J]. Journal of the Academy of Marketing Science, 1993, 21(3): 169-177.

[282] Ellis D. The physical and cognitive paradise in information retrieval research[J]. Journal of Documentation, 1992, 48(1): 45-64.

[283] Joe l Cummins, Alex Merrill. The use of handheld mobile devices: their impact and implication for library services. Library

HiTech, 2010, 28(1): 22-40.

[284] Kuhlthau C. C. Seeking meaning: A process approach to library and information services [M]. Norwood: Ablex, 1993: 17-25.

[285] Lisa A. Neilson and Pamela Paxton. Social Capital and Political Consumerism: A Multilevel Analysis [J]. Social Problems, 2010, 57(1): 5-24.

[286] John A. Howard, Jagdish N. Sheth. The theory of buyer behavior [M]. New York: Wiley, 1969.

[287] Kuhlthau, C. C. The concept of a zone of intervention for identifying the role of intermediaries in the information search process. In *Global Complexity*; *Information*, *Chaos and Control*, Proceedings of the 59th American Society for Information Science Annual Meeting, Baltimore, MD., October 21-24, 1996; Hardin, S, Eds., Information Today, Medford NJ, 1996, 91-94.

[288] Wilson T D. Human information behavior research[J]. Journal of Documentation, 1999, 55(3): 249-270.

[289] King, M. F., Bruner, G. C. Social desirability bias: A neglected aspect of validity testing[J]. Psychology & Marketing, 2000, 17(2): 79-103.

[290] Folkes, V. S, Kamins, M. A. Effects of information about firms' ethical and unethical actions on consumers' attitudes[J]. Journal of Consumer Psychology (Lawrence Erlbaum Associates), 1999, 8(3): 243-259.

[291] Jackson, T. The earths can reader in sustainable consumption [M]. London: Earthscan, 2006.

[292] J. H. Shera. The Sociological Foundations of Librarianship[M]. Bombay India: Asia Publishing House, 1970, p. 18.

[293] Hazani, M. The universal applicability of the theory of neutralization: German youth coming to terms with the holocaust[J]. Crime Law and Social Change, 1991, 15(2): 135-149.

[294] De Bock, T., Van Kenhove, P. Double standards: The role of

techniques of neutralization [J]. Journal of Business Ethics, 2011, 99(2): 283-296.

[295] P. Kotler. Reinventing marketing to manage the environmental imperative[J]. Journal of Marketing, 2011, 75(4): 132-135.

[296] D. Hildebrand, S. Sen, C. B. Bhattacharya. Corporate social responsibility: A corporate marketing perspective [J]. European Journal of Marketing, 2011, 45(9/10): 1353-1364.

[297] Rosenbaum, M. S., Kuntze, R., Wooldridge, B. R. Understanding unethical retail disposition practice and restraint from the consumer perspective [J]. Psychology & Marketing, 2011, 28 (1): 29-52.

[298] Kaiser, F. G., Schultz, W. P. The attitude-behavior relationship: A test of three models of the moderating role of behavioral difficulty[J]. Journal of Applied Social Psychology, 2009, 39 (1): 186-207.

[299] Efrat Gavish-Regev, Ron Rotkopf, Yael Lubin, Moshe Coll. Consumption of aphids by spiders and the effect of additional prey: evidence from microcosm experiments [J]. Biocontrol, 2009, 54(3): 341-350.

[300] Louise R. Morgan, Grete Birtwistle. An investigation of young fashion consumers' disposal habits [J]. International Journal of Consumer Studies, 2009, 33(2): 190-198.

[301] Harris, L. C., Dumas, A. Online consumer misbehavior: An application of neutralization theory [J]. Marketing Theory, 2009, 9(4), 379-402.

[302] Narendra Singh. Exploring socially responsible behavior of Indian consumers: an empirical investigation [J]. Social Responsibility Journal, 2009, 5(2): 200-211.

[303] Kroski E. On the move with the mobile web: libraries and mobile technologies[J]. Library Technology Reports, 2008, 44 (5): 1-48.

[304] Freestone, O., Mc Goldrick, P. Motivations of the ethical consumer[J]. Journal of Business Ethics, 2008, 79(4): 445-467.

[305] McGregor, S. L. T. Conceptualizing immoral and unethical consumption using neutralization theory[J]. Family and Consumer Sciences Research Journal, 2008, 36(3): 261-276.

[306] Andreas Chatzidakis, Darryn Mitussis. Computer ethics and consumer ethics: the impact of the internet on consumers' ethical decision-making process[J]. Journal of Consumer Behavior, 2007, 6(5): 305-320.

[307] George M., Karin Braunsberger. The complexity of consumer's cognitive structures and its evidence to consumer behavior[J]. Journal of Business Research, 2004, (57): 575-582.

[308] Johannes Brinkmann. Looking at Consumer Behavior in a Moral Perspective[J]. Journal of Business Ethics, 2004, 51(2): 129-142.

[309] Rivis, A., Sheeran, P. Descriptive norms as an additional predictor in the theory of planned behavior: A meta-analysis[J]. Current Psychology, 2003, 22(3): 218-233.

[310] Paul Solomon. Looking for Information—A Survey of Research on Information Seeking, Needs, and Behavior[J]. Information Retrieval, 2003, 6(2): 284-288.

[311] Fritsche, I. Account strategies for the violation of social norms: Integration and extension of sociological and social psychological typologies[J]. Journal for the Theory of Social Behavior, 2002, 32(4): 371-394.

[312] Jones, T. M. Ethical decision making by individuals in organizations: An issue-contingent model[J]. Academy of Management Review, 1991, 16(2): 366-395.

[313] Gefen D, Straub D W, Boudreau M C. Structural equation modeling and regression: guidelines for research practice[J]. Communications of the Association for Information System, 2000,

4(7): 1-7.

[314]Pamela J. McKenzie. A model of information practices in accounts of everyday-life information seeking[J]. Journal of Documentation, 2003, 59(1): 19- 40.

[315] Christine L. Borgman. The conundrum of sharing research data [J]. Journal of the American Society for Information Science and Technology, 2012, 63(6): 1059-1078.

[316]Savolainen R. Research in Information Science Award: Everyday Life Information Seeking[J]. Bulletin of the Association for Information Science & Technology, 2017, 43(3): 53-56.

[317]Andrew R, LYN R. Building on models of information behavior: linking information seeking and communication[J]. Journal of Documentation, 2013, 69(2): 169-193.

[318]Alexopoulou P, Morris A, Hepworth M. A new integrated model for multitasking during Web Searching[J]. Procedia-Social and Behavioral Sciences, 2014, 147(7): 16-25.

[319]Gwizdka J, Lopatovska I. The role of subjective factors in the information search process[J]. Journal of the Association for Information Science & Technology, 2014, 60(12): 2452-2464.

[320]Wilson T D. Human information behavior research[J]. Journal of Documentation, 1999, 55(3): 249-270.

[321] JeonghyunKim. Task as a Predictable Indicator for Information Seeking Behavior on the Web[D]. Rutgers: the State University of New Jersey, 2006.

附录 1　数字信息移动消费行为影响因素调查问卷

尊敬的朋友：

您好！本调查的目的是为了了解移动互联网时代下用户通过移动终端进行信息消费的基本情况及其影响因素，为此我们设计了此次调查问卷，请在符合您情况的选项上打“✓”或在“____”处写上相应的答案。感谢您在百忙之中填写这份问卷，您的答案是完全匿名的，只用作统计分析。非常感谢您的支持与合作！

第一部分

1. 您第一次通过移动通信终端访问互联网的时间距现在有多久？(单选)

=　A. 0　　B. 1~3 个月　　C. 4~6 个月

D. 7~12 个月　　E. 1~2 年　　F. 2 年及以上

2. 您每天通过移动通信终端上网的时间是多久？(单选)

A. 低于 1 小时　　B. 1~2 小时　　C. 2~3 小时

D. 3~4 小时　　E. 4~5 小时　　F. 5 小时以上

3. 您平时主要通过哪种移动通信终端上网？(可多选)

A. 智能手机　　B. 平板电脑　　C. 笔记本电脑

D. 电子书　　E. MID 移动终端　　F. 无

4. 您一般在什么情况下使用移动通信终端上网？(可多选)

A. 乘坐(或等候)交通工具　　B. 走路、散步

C. 看电视　　D. 开会　　E. 用餐

F. 其他(请注明)________

5. 您通过移动通信终端上网通常做的事情是(可多选)：
A. 聊天　B. 听音乐　C. 看视频
D. 看新闻　E. 购物　F. 信息搜索
G. 收发邮件　H. 访问论坛　I. 电子读物
J. 玩游戏　K. 其他(请注明)________
6. 您通过移动通信终端使用的聊天软件有(可多选)：
A. QQ　B. 微信　C. 微博
D. 飞信　E. 易信　F. 其他(请注明)____
7. 您通常使用移动通信终端聊天工具的哪些功能?(可多选)
A. 文字聊天　B. 视频会话　C. 和好友玩游戏
D. 浏览帖子　E. 其他(请注明)________
8. 您通常会跟帖或转帖哪类信息?(可多选)
A. 时政类　B. 财经类　C. 娱乐类
D. 生活类　E. 科技类　F. 教育类
G. 学习类　H. 其他(请注明)________
9. 下面是您愿意经常使用移动通信终端的主要原因，请您按重要性，从"1~10"对其排序(1 表示最重要，每个选项都要进行排序)：
随时互联(　)　操作简便(　)　界面友好(　)　网速快(　)
消磨时间(　)　时尚(　)　信息新颖(　)　碎片化阅读(　)
即时联系(　)　其他(　)

第二部分

10. 您认为移动通信终端可以随时随地链接网络吗?(单选)
A. 非常不同意　B. 不同意　C. 一般
D. 同意　E. 非常同意
11. 您很乐意使用移动通信终端网络付费吗?(单选)
A. 非常不同意　B. 不同意　C. 一般
D. 同意　E. 非常同意

12. 您可以很快学会移动通信终端的特殊功能吗？（单选）
    A. 非常不同意　B. 不同意　C. 一般
    D. 同意　E. 非常同意
13. 您认为新闻或是朋友圈里信息的内容真实可信吗？（单选）
    A. 非常不同意　B. 不同意　C. 一般
    D. 同意　E. 非常同意
14. 您通过移动通信终端上网，是想消磨时间吗？（单选）
    A. 非常不同意　B. 不同意　C. 一般
    D. 同意　E. 非常同意
15. 您认为通过移动通信终端上网可以更便捷地找到自己需要的信息吗？（单选）
    A. 非常不同意　B. 不同意　C. 一般
    D. 同意　E. 非常同意
16. 您通过移动通信终端上网，是想尝试新鲜事物吗？（单选）
    A. 非常不同意　B. 不同意　C. 一般
    D. 同意　E. 非常同意
17. 您觉得通过移动通信终端上网是一种时尚吗？（单选）
    A. 非常不同意　B. 不同意　C. 一般
    D. 同意　E. 非常同意

第三部分

18. 您的性别（单选）：
    A. 男　B. 女
19. 您的年龄（单选）：
    A. 18 周岁及以下　B. 18～24 周岁　C. 25～34 周岁
    D. 35～49 周岁　E. 50～59 周岁　F. 60 周岁及以上
20. 您的受教育程度（单选）：
    A. 大专及以下　B. 本科及在读
    C. 硕士及在读　D. 博士及在读
21. 您的职业（单选）：

A. 学生　　B. 教师　　C. 企业职员
D. 公务员　　E. 个体户/自由职业者　　F. 无业
G. 其他(请注明)________

22. 您的收入水平(单选):
A. 无收入　　B. 1000元及以下　　C. 1001~2000元
D. 2001~3500元　　E. 3501~5000元　　F. 5001~8000元
G. 8000元以上

23. 您所在的省份(自治区、直辖市、特别行政区)为__________

问卷到此结束，万分感谢您的支持与配合!

附录 2　移动图书馆用户需求调查问卷

尊敬的读者：

您好！为了充分了解读者对移动图书馆的需求情况，延伸图书馆服务的空间和时间，我们在此针对超星移动图书馆用户开展这项问卷调查。您的意见和建议对我们的决策非常宝贵，欢迎您协助我们完成本次问卷填写，请直接在符合您情况的选项上打“✓”或在“____”处写上相应的答案。感谢您在百忙之中填写这份问卷，您的答案是完全匿名的，只用作统计分析。非常感谢您的参与！

1. 您的性别(单选)：

   A. 男　　B. 女

2. 您的年龄(单选)：

   A. 18 周岁及以下　　B. 18~24 周岁　　C. 25~34 周岁

   D. 35~49 周岁　　E. 50~59 周岁　　F. 60 周岁及以上

3. 你的身份(单选)：

   A. 教师　　B. 本科生　　C. 研究生

4. 您所用的移动终端设备类型是(可多选)：

   A. 普通手机，不能上网　　B. 普通手机,可通过 WAP 浏览器上网

   C. 智能手机　　D. 电子书阅读器

   E. 平板电脑　　F. Mp5/psp 等其他设备

5. 您使用移动设备最常用的上网方式是(可多选)：

   A. GPRS　　B. 3G　　C. WIFI

   D. 其他(请注明)________

6. 如果图书馆开通移动图书馆服务，您会开通此项服务吗?

   A. 会　　B. 不会　　C. 无所谓

7. 您是否愿意通过自己的移动设备，随时随地的检索图书馆的所有资料及获得相关服务？

A. 愿意　　B. 不愿意　　C. 无所谓

8. 您希望通过移动图书馆获得哪些方面的服务（可多选）：

A. 短信服务　　B. WAP 图书馆网站访问

C. 一站式检索　　D. 移动阅读器

E. 读者互动服务　　F. 其他（请注明）________

9. 目前您使用的个人移动设备主要用于（可多选）：

A. 看新闻　　B. 阅读电子书　　C. 微博/博客/空间

D. 查找信息　　E. 休闲娱乐（比如：聊天、玩游戏、看电影等）

F. 其他（请注明）________

10. 您是否使用过移动图书馆？

A. 使用过　　B. 没使用过

11. 您对电子图书阅读感兴趣的内容包括（可多选）：

A. 网络小说　　B. 畅销书　　C. 学术研究

D. 学习资料　　E. 其他（请注明）________

12. 您选择使用移动图书馆考虑的主要因素是（可多选）：

A. 通讯费用　　B. 阅读习惯　　C. 操作方便性

D. 移动图书馆的功能　　E. 其他（请注明）____

13. 您认为可能阻碍您使用移动图书馆的原因是什么（可多选或不选）？

A. 不能移动上网　　B. 认为没有必要移动上网

C. 增加手机费用开支　　D. 手机屏幕过小，阅读不方便

E. 没有需要的功能　　F. 页面体验较差

G. 担心泄露隐私　　H. 其他（请注明）________

14. 如果开通移动图书馆服务，您对下列具体服务内容的需求态度是：

A. 非常需要　　B. 比较需要　　C. 一般需要

D. 不太需要　　E. 完全不需要

（1）服务公告	□	□	□	□	□
（2）新书通报	□	□	□	□	□

(3)超期催还提醒 □ □ □ □ □
(4)图书预约及到馆通知 □ □ □ □ □
(5)讲座活动通知 □ □ □ □ □
(6)检索电子资源 □ □ □ □ □
(7)馆藏图书检索 □ □ □ □ □
(8)个人借阅情况查询 □ □ □ □ □
(9)图书续借服务 □ □ □ □ □
(10)荐购图书 □ □ □ □ □
(11)RSS 订阅 □ □ □ □ □
(12)移动阅读 □ □ □ □ □
(13)参考咨询 □ □ □ □ □
(14)图书馆博客 □ □ □ □ □
(15)图书馆社区 □ □ □ □ □
(16)图书馆微信 □ □ □ □ □

15. 您对移动图书馆阅读服务的具体内容形式的需求态度是：

A. 非常需要　B. 比较需要　C. 一般需要
D. 不太需要　E. 完全不需要

(1)移动图书阅读 □ □□□□
(2)移动期刊阅读 □ □□□□
(3)移动报纸阅读 □ □□□□
(4)移动音频收听 □ □□□□
(5)移动视频收看 □ □□□□

16. 您希望移动图书馆根据您的个性化需求提供信息服务吗？

A. 非常需要　B. 比较需要　C. 一般需要
D. 不太需要　E. 完全不需要

17. 您更喜欢移动图书馆提供哪种服务方式？(可多选)

A. 发送、接收短信　B. 访问手机版图书馆网站
C. 下载安装客户端　D. 扫描二维码
F. 其他(请注明)________

问卷到此结束，万分感谢您的支持与配合！